ÉTUDES CRITIQUES

PAR PERNOUD

Extrait de la Nouvelle Revue historique de Droit
et étranger, 1910.

LIBRAIRIE
DE LA SOCIÉTÉ DU

RECUEIL SIREY

27, rue Soufflot, PARIS, 5ᵉ Arrond.

L. LAROSE & L. TENIN, Directeurs

1910

ÉTUDES CRITIQUES

SUR LE

DÉCRET DE BURCHARD DE WORMS

ÉTUDES CRITIQUES

SUR LE

DÉCRET DE BURCHARD DE WORMS

PAR

PAUL FOURNIER

DOYEN DE LA FACULTÉ DE DROIT DE L'UNIVERSITÉ DE GRENOBLE

CORRESPONDANT DE L'INSTITUT.

Extrait de la *Nouvelle Revue historique de Droit français*
et étranger, 1910.

LIBRAIRIE

DE LA SOCIÉTÉ DU

RECUEIL SIREY

22, rue Soufflot, PARIS, 5ᵉ Arrond.

L. LAROSE & L. TENIN, Directeurs

—

1910

ÉTUDES CRITIQUES

SUR

LE DÉCRET DE BURCHARD DE WORMS

Quand, en l'an 1000, l'empereur Otton III désigna Burchard, chambrier du célèbre archevêque de Mayence Willigis, pour remplir le siège épiscopal de Worms, ce ne fut point un homme de médiocre valeur qu'il plaça à la tête de cette église (1). Issu d'une noble famille de la Hesse (2), Burchard avait été formé à diverses écoles dont la plus célèbre est celle du monastère de Lobbes, au diocèse de Cambrai, foyer dont l'action rayonnait alors sur les régions germaniques comme sur le pays roman. C'est à Lobbes sans doute que Burchard connut un des hommes les plus justement réputés de son temps, aussi bien pour ses vertus chrétiennes que pour sa culture littéraire; je veux parler du moine Olbert, jadis disciple de l'école de Lobbes et de celle de Chartres où ensei-

(1) Je ne prétends point faire ici la biographie de Burchard de Worms. On pourra consulter à ce sujet la *Vita Burchardi*, écrite par un anonyme et imprimée dans les *Monumenta Germaniae, Scriptores*, t. IV, p. 829-846; dans la *Patrologia latina*, t. CXL, col. 505-536, et dans l'ouvrage de H. Boos, *Quellen zur Geschichte der Stadt Worms*, t. III, p. 99-126. Sur la *Vita*, cf. Manitius dans *Neues Archiv der Gesellschaft für ältere deutsche Geschichtskunde*, t. XIII ann. 1888, p. 197-202, et Boos, t. I, p. 246 et s., de l'ouvrage qui sera cité plus loin. Je signalerai, comme travaux récents sur Burchard : B. Grosch, *Bischof Burchard I von Worms*, Iena, 1890 (dissertation inaugurale); H. Boos, *Geschichte der rheinischen Städtekultur*, Berlin, 1897, t. I, p. 235 et s.; A. M. Kœniger, *Burchard I von Worms und die deutsche Kirche seiner Zeit (1000-1025)*, Munich, 1905, dans la collection des *Veröffentlichungen aus dem kirchenhistorischen Seminar München*, dirigée par A. Knöppler. Des travaux plus spéciaux seront signalés chemin faisant au cours de ces études.

(2) Il appartenait à la famille des comtes de Reichenbach-Ziegenhain.

P. F.   1

gnait Fulbert, plus tard abbé de Gembloux et de Saint-Jacques
de Liège (1). Initié à l'art du gouvernement pendant les années qu'il passa auprès de Willigis (2), Burchard était bien
préparé à la tâche que lui confia Otton III; le nouvel évêque
ne trompa point les espérances que son passé avait permis de
concevoir. Il sut restaurer le temporel de son église, dont il
établit définitivement l'autorité sur la ville épiscopale, relevée
par lui de ses ruines; c'est lui qui, grâce à l'appui de l'empereur Henri II, dont il fut le serviteur fidèle, put acquérir
et raser le château-fort possédé jusqu'à cette époque par une
puissante famille comtale, alliée à la dynastie saxonne (3), et
fit disparaître ainsi une influence rivale qui menaçait le pouvoir des évêques; c'est lui encore qui, à la fin de son épiscopat, compléta le travail de réorganisation auquel il s'était livré
en promulgant l'acte célèbre, connu sous le nom de *lex familiae ecclesiae Wormatiensis*, où sont consignées les coutumes
des sujets placés dans la dépendance directe de l'église épiscopale (4). Son action ne fut pas moins féconde dans le domaine

(1) Sur Olbert, cf. *Gesta abbatum Gemblacensium*, cap. 26 et s., dans *Monumenta Germaniae, Scriptores*, t. VIII, p. 538 et s. Je ne crois pas d'ailleurs
qu'Olbert ait été à Lobbes le maître de Burchard, quoiqu'on ait pu le sou-
tenir en s'appuyant sur un passage de Sigebert de Gembloux (*Chronica*,
dans les *Monumenta Germaniae, Scriptores*, t. VI, p. 304), écrit longtemps
après la mort d'Olbert et de Burchard. On trouvera ce passage ci-dessous,
p. 4, note 2.

(2) Un passage de la continuation des *Gesta abbatum Lobbiensium* (*Monumenta Germaniae, Scriptores*, t. XXI, p. 309) dit que Burchard fut chanoine
de Liège et que c'est là qu'il rencontra Olbert. Ce récit, écrit vers 1162,
c'est-à-dire plus d'un siècle et demi après les événements, est en contradic-
tion sur ce point avec la *Vita Burchardi*, à laquelle je n'hésite pas à donner
la préférence. En ce sens, cf. Hirsch, *Jahrbücher des deutschen Reichs unter
Heinrich II*, t. II, p. 194.

(3) A la fin du xe siècle le comte était Otton, petit-fils par sa mère de
l'empereur Otton Ier et neveu d'Otton II. Henri II dédommagea en 1007 la
maison comtale en lui donnant Bruchsal. Sur ces événements, voir l'ouvrage
de Boos, *Geschichte der rheinischen Städtekultur*, t. I, p. 227, 244 et s., et
passim; et Hirsch, *Jahrbücher des deutschen Reichs unter Heinrich II*, t. I,
p. 487-489.

(4) On trouvera ce texte important dans les *Monumenta Germaniæ, Constitutiones et Acta publica*, t. I, p. 639-644; l'éditeur, M. Weiland, lui assigne
une date intermédiaire entre décembre 1023 et août 1025. Voir le commen-
taire de la *lex familiae Wormatiensis ecclesiae* dans l'ouvrage de Gengler : *das*

spirituel ; évêque pendant le premier quart du xi° siècle, il s'applique à reconstruire les églises, pourvoit aux besoins des âmes par la création des paroisses urbaines et s'efforce de rétablir ou de maintenir la discipline aussi bien chez les séculiers que chez les réguliers.

Burchard n'a point seulement en vue son temps et son diocèse ; pour assurer la perpétuité de son œuvre et rendre plus facile la tâche des évêques qui voudraient l'imiter, il entreprend de consigner dans un vaste recueil les nombreux canons qui sont les règles de la discipline ecclésiastique, obéissant ainsi dans l'ordre spirituel au besoin de réglementation et de codification auquel il donna satisfaction dans l'ordre temporel par la rédaction de la *lex familiae*. C'est pourquoi, à une époque qui ne paraît pas antérieure à l'an 1008, mais qui ne peut guère être postérieure à 1012 (1), il dirige la composition de la compilation fameuse, divisée en vingt livres et intitulée *Décret*, dont la publication fit époque dans l'histoire du droit canonique.

Befrecht des bischofs Burchard von Worms, Erlangen, 1859 ; consulter aussi l'ouvrage précité de H. Boos, *Geschichte der rheinischen Städtekultur*, t. I, p. 292 et s., p. 365 et s., 1890. Burchard travailla énergiquement à maintenir la paix publique et à restreindre les guerres privées.

(1) Le *Décret* a été certainement composé avant 1023, date du concile tenu à Seligenstadt, auquel Burchard assista ; on ne trouve aucune trace des canons de ce concile dans le *Décret*. A mon sens, il résulte du fait qu'Olbert a été un collaborateur important de Burchard, que la composition du *Décret* se place entre 1008 et 1012. En effet, d'après les *Gesta abbatum Gemblacensium*, œuvre de Sigebert de Gembloux, Olbert fut envoyé à Burchard par son évêque Baudry, qui ne monta sur le siège épiscopal de Liège qu'en 1008 ; il quitta Worms au plus tard en 1012, lorsqu'il prit la direction de l'abbaye de Gembloux où l'attendait une besogne difficile (cf. *Monumenta Germaniae, Scriptores*, t. VIII, p. 536 et s. : et Hirsch, *Jahrbücher des deutschen Reichs unter Heinrich II*, t. II, p. 194 et notes). La date proposée est très acceptable si l'on remarque que le texte à date certaine le plus récent qui figure dans le *Décret* est la lettre de Grégoire V à la reine Constance, femme du roi de France Robert le Pieux (*Décret*, XI, 26) ; cette lettre fut écrite en 998 (voir ci-dessous, ch. II, sect. IV) — Le continuateur des *Gesta abbatum Lobbiensium*, dans un récit inexact sur un point (voir ci-dessus, p. 2, note 2), mais acceptable sur d'autres points, semble bien dire que c'est vers 1008 que l'évêque Baudry de Liège mit Olbert à la disposition de Burchard ; cf. *Monumenta Germaniae, Scriptores*, t. XXI, p. 309. Cette observation confirme l'opinion qui place la composition du *Décret* entre 1008 et 1012. Au surplus la formule d'*epistola formata* qui se trouve au c. 237 du livre II est datée de l'année 1012.

Pour mener à son terme un travail aussi considérable (il ne s'a-
gissait de rien moins que de réunir et de classer près de 1800
fragments canoniques pris dans des collections variées), Burchard, absorbé par les occupations que lui imposaient sa charge
épiscopale et son rôle politique, dut recourir à des collaborateurs, parmi lesquels nous trouvons un prélat lettré qui fut son
ami, l'évêque Gautier de Spire (1), et le moine qu'il avait connu
à Lobbes, Olbert, le futur abbé de Gembloux (2) : la part
d'Olbert dans le travail entrepris semble avoir été considérable.
A dire vrai, les efforts de Burchard et de ses auxiliaires ne
furent pas perdus ; jamais, en effet, depuis plusieurs siècles, un
recueil canonique n'avait obtenu un succès pareil à celui qui
récompensa leurs labeurs. C'est au *Décret* de Burchard que,
pendant un siècle, les canonistes demanderont les règles de
la législation ecclésiastique; si cet ouvrage doit, dans la seconde
partie du xi° siècle, céder une part de son influence aux ouvrages analogues des partisans de la réforme de Grégoire VII, le
Décret n'en demeure pas moins l'œuvre à laquelle les hommes
du Moyen âge ne cesseront pas d'emprunter des textes, jusqu'à l'époque où ces textes seront transportés en bloc dans la
collection d'Yves de Chartres et se répandront dans les autres recueils, en particulier dans celui de Gratien.

C'est au *Décret* de Burchard que je me propose de consacrer une série d'études. Mon dessein est de déterminer
d'abord les sources auxquelles l'évêque de Worms a puisé
les textes qu'il a insérés dans son *Décret;* ce sera l'objet
d'une première étude. Je me demanderai ensuite, comment

(1) C'est à ce prélat qu'est adressée l'*epistola formata* dont la formule
est au c. 227 du livre II.

(2) Voir la *Vita* de Burchard, c. 10. Gautier devint évêque de Spire en
1004. La collaboration d'Olbert est attestée d'abord par le c. 27 des *Gesta
abbatum Gemblacensium* de Sigebert de Gembloux, où se trouvent ces mots :
Olberto dictante et magistrante illud canonum volumen centonizavit (*Monumenta Germaniæ, Scriptores,* t. VIII, p. 536). Sigebert a plus tard donné le
même témoignage sous une forme un peu différente dans sa chronique : col-
laboravit sibi (Burchardo) in hoc magistro suo Olberto abbate, viro unde-
cumque doctissimo (*Ibid.*, t. VI, p. 354) — La *Vita* cite aussi Brunichon, le pré-
vôt du chapitre, en des termes qui ont permis de voir en lui un collaborateur ;
mais, à mon sens, son rôle a été surtout de pousser Burchard à la composition du *Décret.*

Burchard présente les fragments recueillis par lui, ce qui me donnera l'occasion de faire connaître le plan d'après lequel il les a disposés, les *inscriptiones* qu'il leur a données, et de montrer ensuite les libertés qu'il a prises avec les textes qu'il a jugé utile de reproduire. Il me sera alors possible de mettre en lumière les tendances qui dominent l'œuvre de Burchard et de faire apparaître l'influence que cette œuvre a exercée sur la composition des collections canoniques qui se sont succédé depuis le commencement du xi° siècle jusques au temps de Gratien.

Iʳᵉ ÉTUDE

LES SOURCES DU DÉCRET DE BURCHARD

De quels éléments est composé le *Décret* de Burchard de Worms? C'est là une question qui, depuis longtemps, a préoccupé les historiens du droit canonique. Baluze, quand il s'est fait l'éditeur des *Libri de synodalibus causis* de Réginon de Prüm, a montré que le *Décret* dépend, dans une large mesure, de cette importante collection (1). Dans le premier tiers du xix° siècle, A. Theiner a fait apparaître l'influence que la collection canonique dite *Anselmo dedicata* a exercée sur la composition du *Décret* (2); il est vrai qu'il n'a point tardé, bien à tort, à rétracter cette opinion, pour lui substituer une opinion insoutenable, qui n'a d'ailleurs trouvé aucun crédit (3). Cependant, en 1834, Richter croyait pouvoir affirmer que Burchard avait emprunté à la collection de Réginon et à l'*Anselmo dedicata* la plus grande partie, et pour ainsi dire le fond de ses matériaux (4). C'était une grave exagération. Les choses fu-

---

(1) *Patrologia latina*, t. CXXXII, col. 186 et s.

(2) *Disquisitiones criticæ in præcipuas canonum et decretalium collectiones;* Rome, 1836, p. 151 et s.

(3) Theiner a cru que le *Décret* de Burchard procédait de la collection connue sous le nom de collection en XII livres, et que Burchard n'avait utilisé les textes de l'*Anselmo dedicata* que par l'intermédiaire de cette collection (*op. cit.*, p. 311-317). A mon sens, c'est incontestablement la collection en XII livres qui procède de Burchard; j'espère avoir bientôt l'occasion d'étudier cette collection.

(4) Richter, *Beiträge zur Kenntniss des Quellen des kanonischen Rechts,*

rent remises au point, en 1863, par Maassen, qui tout en re-
connaissant que les deux collections précitées ont exercé une
grande influence sur la genèse du *Décret*, montra que Burchard s'était largement inspiré d'autres sources, notamment de
la *Dionysio-Hadriana* et des Fausses Décrétales (1). Il estimait
que, sur les 1785 chapitres qui constituent le *Décret*, 800 environ ne figurent ni dans l'œuvre de Réginon ni dans l'*Anselmo dedicata* et par conséquent n'en peuvent provenir; on
verra qu'à mon avis il se tenait encore au-dessous de la vérité,
puisque j'estime que le nombre des fragments de cette catégorie dépasse 900. Entre temps, Wasserschleben avait utilement
contribué au progrès des études sur les sources du *Décret* de
Burchard par les notes de son édition du recueil de Réginon,
et par le tableau placé à la fin du même volume, qui fait connaître les textes communs à Réginon et à l'évêque de
Worms (2).

Sur l'origine des chapitres du *Décret* qui ne procèdent ni de
Réginon ni de l'*Anselmo dedicata*, on trouve quelques indications précieuses dans une dissertation de M. Hauck, publiée
en 1894 dans les *Mémoires* de la Société royale des sciences de
Leipzig (3). Dans le livre qu'il a consacré à faire connaître l'é-
tat de l'Église d'Allemagne d'après le *Décret* de Burchard (4),
M. Kœniger a autant que possible identifié ceux des textes

Leipzig, 1834. Voir surtout l'étude III, consacrée à l'*Anselmo dedicata*, et les
tableaux de concordance qui terminent l'ouvrage. A la p. 56, Richter émet
cette idée que les fragments constituant l'œuvre de Burchard, quand ils
ne figurent pas dans l'*Anselmo dedicata*, se retrouvent, sauf quelques excep-
tions, dans le recueil de Réginon.

(1) *Zur Geschichte der Quellen des Kirchenrechts und des römischen Rechts
im Mittelalter*, article important, publié dans le *Kritische Vierteljahrschrift*
de Pœul; Munich, 1863, p. 186 et s., à propos de l'ouvrage de Hüffer, *Beiträge zur Geschichte der Quellen des Kirchenrechts und des römischen Rechts
im Mittelalter*; Münster, 1862.

(2) *Reginonis abbatis Prumiensis Libri duo de synodalibus causis et disciplinis ecclesiasticis*; Leipzig, 1840. Voir les tableaux, p. 497 et s.

(3) *Ueber den Liber decretorum Burchard's von Worms*, mémoire lu le 5 mai
1894 à la Société royale des sciences de Leipzig, *Berichte über die Verhandlungen der Königlich Sächsischen Gesellschaft der Wissenschaften zu Leipzig,
Philologisch-historische Classe*, 1894, I, p. 65, 86.

(4) Kœniger, *Burchard I von Worms und die deutsche Kirche seiner Zeit*.
Munich, 1905.

qu'il a eu l'occasion de citer. Enfin, tout récemment, M. Edouard Diederich a entrepris l'étude des sources du *Décret*; la première partie de son œuvre, où sont exposés les résultats généraux de ses recherches, a été publiée sous la forme d'une dissertation inaugurale, présentée en 1908 à la Faculté de théologie catholique de l'Université de Breslau (1).

Ayant depuis près de vingt années porté mon attention sur les collections canoniques composées à l'époque intermédiaire entre celle des Fausses Décrétales et celle de Gratien, j'ai dû m'occuper du *Décret* de Burchard, qui tient parmi ces collections la place peut-être la plus importante. Aussi je me suis efforcé, de déterminer les sources auxquelles a puisé l'évêque de Worms. Je n'ai nullement prétendu faire le travail qui incombera au futur éditeur du *Décret;* ainsi je n'ai ni étudié ni classé les innombrables manuscrits du *Décret* de Burchard : je me suis borné à prendre pour objet de mon travail le texte imprimé de ce recueil (2). Malgré la récente publication de M. Diederich, je ne crois pas inutile de faire connaître, dans leurs grandes lignes, les résultats auxquels je suis arrivé. Peut-être trouvera-t-on quelque profit à les comparer à ceux qu'a obtenus M. Diederich, qu'ils confirment, complètent, et sur certains points modifient.

Pour mener à bonne fin l'étude que j'ai entreprise, il importait, tout d'abord, d'identifier les fragments réunis par Burchard. Cette tâche est particulièrement difficile, parce que l'auteur a souvent altéré ou remanié les textes anciens, parce que

(1) Edouard Diederich, *Das Dekret des Bischofs Burchard von Worms, Beiträge zur Geschichte seiner Quellen*; Irᵉ partie (forme un fascicule de 67 pages). M. Diederich, qui donne dans ce fascicule les résultats généraux de ses recherches sur les sources de Burchard, compte ultérieurement consacrer un fascicule à la rectification des *inscriptions* du Décret.

(2) C'est-à-dire le texte du tome CXL de la *Patrologia latina*, qui reproduit l'édition donnée à Paris en 1549. D'après M. Kœniger (*Burchard I von Worms*, p. 6, note 1), cette édition procède elle-même d'une édition donnée à Cologne en 1548, qui serait la première édition du *Décret*; en effet M. Kœniger nie l'existence d'une édition incunable qui daterait de 1490. En tout cas une nouvelle édition fut donnée à Cologne en 1560; voir Giell, à propos du travail de M. Hauck, dans *Historisches Jahrbuch*, t. XVI, ann. 1895, p. 116 et s. Le *Catalogue des Incunables des Bibliothèques publiques de France*, par Mlle Pellechet, ne mentionne aucune édition incunable du *Décret*.

plus souvent encore il les a démarqués, et enfin parce qu'il a
forgé lui-même des canons auxquels il a donné de fausses étiquettes, destinées à leur assurer le respect dû à l'antiquité (1).
Une fois le texte identifié, une autre question se pose; s'il ne
s'agit pas de l'un des fragments, d'ailleurs peu nombreux, que
Burchard a fabriqués, il faut, autant que possible, déterminer
celle des collections antérieures auxquelles Burchard l'a
emprunté. La solution de cette question est rendue plus difficile parce que, plus d'une fois, Burchard, quand il a extrait un
fragment d'une collection, ne l'a admis dans son *Décret* qu'a-
près en avoir modifié le texte ou l'*inscriptio* selon la recension du même fragment qu'il trouvait dans une autre collection. Supposez, par exemple, un canon que Burchard a sûrement rencontré tout d'abord dans le recueil de Réginon : la
preuve en résulte (et c'est là un fait fréquent) de ce que ce
fragment se trouve dans le *Décret* au milieu d'une série de
chapitres tous empruntés à une même portion de l'œuvre de
Réginon. Il est arrivé que Burchard a conféré le texte que lui
fournissait Réginon avec le texte du même canon qu'il trouvait dans un autre recueil, *Dionysio-Hadriana* ou encore
Fausses Décrétales : la trace des modifications résultant de
cette collation peut parfois être découverte dans divers chapitres du *Décret* (2). Dès lors, il est évident que si l'on classe ce
fragment parmi les textes empruntés par Burchard à Réginon
(il est difficile de faire autrement), ce classement ne va pas
sans quelque incertitude, puisque le même fragment se rattache aussi à une autre collection. Il est impossible d'échapper à
cette incertitude, à moins de multiplier à outrance les divi-
sions.

Sur les 1785 canons dont se compose l'œuvre de Burchard,
il en est un certain nombre, approximativement une quaran-

(1) Pour l'identification de quelques textes, je me suis aidé des notes
manuscrites de dom Gellé, bénédictin de Saint-Germain-des-Prés, sur le
Décret d'Yves de Chartres, notes rédigées par ce religieux en vue d'une édition du *Décret* d'Yves, et conservées à la Bibl. Nationale, Latin, 12317 et
12318. Dom Gellé s'est efforcé d'identifier les textes du *Décret* d'Yves : or
on sait que l'évêque de Chartres a accueilli en masse les textes du *Décret* de
Burchard, qui, presque tous, se retrouvent dans sa compilation.

(2) Dans sa dissertation précitée, M. Maassen en a donné plusieurs exemples.

taine, dont il ne m'a pas été possible de déterminer l'origine.
En revanche, pour un nombre de chapitres qui approche de
1750, il m'a été permis d'arriver à une solution. Je ne prétends d'ailleurs nullement que, pour tous ces textes, la solution qui m'a paru vraie ne soit pas susceptible d'être revisée;
ceux qui se sont livrés à des études du même genre compren-
dront et approuveront cette prudente réserve. Mais au moins
j'estime que les résultats auxquels je suis parvenu représentent
approximativement, dans leur ensemble, la réalité des faits.

Pour mettre plus de clarté dans l'exposé de ces résultats,
je partagerai les textes du *Décret* en trois séries. Dans la première, qui ne me retiendra pas longtemps, je placerai les textes
infiniment variés que Burchard a puisés dans les deux grandes collections qui ont été la base première de son travail : le
recueil de Réginon et l'*Anselmo dedicata*. Dans la seconde
seront classés les textes, en nombre un peu supérieur, qui
proviennent d'une source connue autre que ces deux collections. Enfin la troisième série, de beaucoup la moins nombreuse,
comprendra les textes non identifiés par moi, et, avec eux,
ceux que je présume avoir été fabriqués par Burchard. Un
chapitre sera consacré à chacune de ces trois séries.

Au cours de cette étude, je considérerai comme démontré
que les vingt livres du *Décret* sont tous également l'œuvre de
Burchard et de ses collaborateurs. Je n'ignore pas qu'une opinion, présentée jadis par les Ballerini et rajeunie dans ces
dernières années par Mgr Schmitz, tient le noyau du livre XIX
du *Corrector*, consacré à la pénitence (notamment les chapitres 1-33), comme une œuvre indépendante qui, avant la composition du *Décret*, circulait dans les églises d'Allemagne (1);
Burchard l'aurait insérée en bloc dans son recueil avec de
nombreuses additions. Je me réserve d'indiquer dans un appendice les raisons qui me font rejeter cette opinion; je prie
le lecteur de me faire crédit sur ce point jusques à la fin de
cette étude.

---

(1) Cf. Schmitz, *die Bussbücher u. l. das canon. che Bussverfahren*, p. 381
et s.

CHAPITRE PREMIER

LE DÉCRET DE BURCHARD, LA COLLECTION DE RÉGINON
ET L'ANSELMO DEDICATA

Comme je l'ai dit plus haut, les canonistes s'accordent à reconnaître que l'évêque de Worms a tiré une part considérable des matériaux employés à la composition du *Décret* de deux collections importantes : les *Libri de synodalibus causis*, œuvre du célèbre abbé de Prüm, Réginon, qui date approximativement de l'an 906, et la collection, originaire de la Haute-Italie, qui est connue sous le titre d'*Anselmo dedicata* et qui date des dernières années du ixe siècle. La conclusion à laquelle ils sont arrivés sur ce point doit être tenue pour incontestable.

Il était naturel que Burchard s'adressât tout d'abord au recueil de Réginon (1). Deux raisons devaient l'y porter. D'une part l'ouvrage de l'abbé de Prüm avait été composé pour répondre aux besoins de la pratique, ce qui avait assuré son succès; d'autre part, les matériaux dont il était formé avaient été empruntés, pour la plupart, aux règles suivies dans l'Église franque, et plus particulièrement dans la région rhénane, où vivait Burchard. Quant à l'*Anselmo dedicata* (2), elle était à la vérité d'origine italienne. Mais elle se recommandait d'elle-même comme l'œuvre d'un auteur à l'esprit exact, versé dans la connaissance de l'ancien droit canonique et du Registre de S. Grégoire autant que familier avec les Fausses Décrétales et les textes du droit romain ; ajoutez à cela qu'il avait su classer d'après une méthode claire et commode les nombreux fragments réunis par ses soins. Au surplus, il semble que des circonstances particulières aient appelé sur l'*Anselmo dedicata* l'attention de Burchard et de ses collaborateurs. C'est au commencement du xie siècle, c'est-à-dire au temps de Burchard,

(1) Je renvoie, pour tout ce qui concerne Réginon, à l'édition des *Libri de synodalibus causis* donnée par Wasserschleben (Leipzig, 1840).

(2) Je me réserve de consacrer ultérieurement une étude à l'*Anselmo dedicata*. Je la connais par les manuscrits suivants : Paris, Bibl. Nation., Latin, 15392 ; Bamberg, Manuscrits juridiques, n° 5; Metz, n° 100; chapitre de la cathédrale de Verceil, n° XV.

que l'*Anselmo dedicata*, qui n'était point encore sortie de l'Italie, fut apportée en Germanie. Le m. .uscrit de Bamberg, qui la contient, paraît dater des premières années du xi° siècle (1); il n'est pas invraisemblable de penser qu'il fit partie des manuscrits nombreux et importants destinés à former le noyau de la bibliothèque de l'évêché fondé en 1107 (2). En tout cas il est certain que, en 1109, l'*Anselmo dedicata* fut transcrite à l'intention de l'église de Verdun et de son évêque Heymon (3), dans le manuscrit conservé aujourd'hui à la bibliothèque nationale de Paris sous le n° 15392 du fonds latin. L'église Saint-Martin de Mayence possédait un manuscrit de cette collection qui date de la même époque; un fragment en subsiste dans le manuscrit 580 du fonds palatin de la Bibliothèque vaticane(4). Ainsi, à l'époque où Burchard préparait la composition du *Décret* (vraisemblablement rédigé entre 1008 et 1012), l'*Anselmo dedicata* commençait à se répandre en Franconie, dans la région rhénane et en Lorraine (5); on comprend que l'évêque de Worms, qui s'intéressait évidemment aux textes canoniques, ait été avisé de l'apparition de cette œuvre jusqu'alors inconnue en Allemagne, et se soit hâté d'en tirer parti (6).

(1) Il portait à la bibliothèque du chapitre de Bamberg la cote P. I, 12: il est classé actuellement sous le n° 5 des manuscrits juridiques; cf. *Katalog der Handschriften der Königlichen Bibliothek zu Bamberg*; t.1, Bamberg, 1906.

(2) Plusieurs de ces manuscrits furent envoyés d'Italie; Henri II s'occupa activement de fonder et d'enrichir cette bibliothèque. Cf. Hirsch, *Jahrbücher des deutschen Reichs unter Heinrich II*, t. II, p. 182 et s.

(3) Élève du célèbre évêque de Liège, Notger.

(4) Stevenson, *Codices Palatini Latini Bibliothecae Vaticanae*, t. I, p. 193; Sarti (*De claris archigymnasii Bononiensis professoribus, Appendix monumentorum*, p. 189), a signalé le ms. 580 sans identifier la collection qui y est contenue. C'est par une note manuscrite de mon regretté collègue Poisnel que je suis en mesure de faire connaître l'origine mayençaise de ce manuscrit.

(5) Le manuscrit de l'*Anselmo dedicata* conservé à Metz semble postérieur en date aux manuscrits indiqués ci-dessus (manuscrit de la bibliothèque de Metz, n° 180). Il en est de même de l'extrait de l'*Anselmo dedicata* conservé dans le manuscrit n° 496, in-8°, de la bibliothèque Lobkovitz à Prague et signalé par M. de Schulte : *Über drei in Prager Handschriften enthaltene Canonensammlungen*, dans les. *Sitzungsberichte* de l'Académie impériale de Vienne, classe de philos. et d'hist., t. LVII (année 1867), p. 171-174.

(6) Peut-être même est-ce la connaissance qu'il a prise de l'*Anselmo dedicata* qui a déterminé Burchard à composer son *Décret*.

Ce n'est point le texte original du recueil de Réginon que Burchard a consulté; il s'est servi de la recension remaniée et interpolée qui fut de beaucoup la plus répandue, et qui, avant l'édition donnée par Wasserschleben, était la seule forme connue des *Libri de synodalibus causis* (1). Quant à *l'Anselmo dedicata*, Burchard en a utilisé le texte vraisemblablement dans la forme qui nous est conservée par les manuscrits qu'on peut appeler franconiens ou lorrains, à savoir : celui de Bamberg, celui de Verdun et celui de Metz (2). Il a d'ailleurs fait des extraits des trois séries de textes qui constituent l'*Anselmo dedicata*, aussi bien de la série des textes de droit romain (3) que de la série des textes purement canoniques et de celle des fragments empruntés au Registre des lettres de saint Grégoire le Grand (4). Bur-

(1) Cf. édit. Wasserschleben, p. XIII et s. ; voir aussi Wasserschleben, *Beitraege zur Geschichts der vorgratianischen Kirchenrechtsquellen* (Leipzig, 1839), p. 30 et 31.

(2) Un indice semble rattacher le texte de Burchard au texte du manuscrit de Bamberg ou a un texte analogue. Le c. 18 du livre IX de Burchard, qui reproduit le c. 184 du livre VI de l'*Anselmo dedicata*, porte dans l'inscription les indications suivantes : Ex registro Gregorii ad Adrium (sic) notarium, c. 80. Cela me semble une reproduction inexacte de ces mots qui se trouvent, à ma connaissance, dans le manuscrit de Bamberg : Ex Registro, p. I, c. CLXXX, ad Adrianum notarium. Le chiffre a passé dans le texte du *Décret* avec une erreur. Je ne donne d'ailleurs cette observation que comme une hypothèse; pour l'affirmer péremptoirement, il faudrait connaître par le menu les particularités de texte des divers manuscrits de l'*Anselmo dedicata*.

(3) Je mentionnerai plus loin à propos des textes de droit romain des textes que je crois empruntés à l'*Anselmo dedicata*.

(4) Voici une série d'emprunts faits aux textes de saint Grégoire le Grand qui constituent la seconde partie des livres de l'*Anselmo dedicata* :

Burchard, I, 97 = Ans. dedic., II, 255
117 = II, 251
121 = II, 254
158 = I, 131 (qui est plus long)
182 = III, 216
183 = II, 245
189 = II, 249
191 = II, 274
194 = II, 272
195 = II, 270
196 = II, 273
197 = II, 268
II 201 = III, 212

chard n'a pas manqué, comme on le verra plus loin, de démarquer les rares textes de droit romain dont il s'est servi, ce
qui en rend l'identification plus difficile.

Les tableaux dressés par Richter et Wasserschleben (1)
ont fait connaître les fragments qui se trouvent, d'une part
dans le *Décret* de Burchard, d'autre part dans le recueil de
Réginon et dans l'*Anselmo dedicata*. Toutefois ils ne suffisent
pas à établir la proportion des éléments que l'évêque de
Worms a empruntés à l'une et à l'autre de ces collections. En
effet un certain nombre des fragments qu'il a insérés figurent à
la fois dans le recueil de Réginon et dans l'*Anselmo dedicata*,
ou tout au moins ont trouvé place dans une de ces collections
en même temps qu'ils appartiennent à un recueil canonique
plus ancien, tel, par exemple, la *Dionysio-Hadriana* ou encore

Burchard, III,	34	=	*Ans. dedic.*,	X, S. Greg.,	11
IV,	70	=		IV,	165
VIII,	49	=		VI,	109
	70	=		VI,	113
IX,	48	=		VI,	101
X,	2	=		XII, S. Greg.,	13
	3	=		XII, —	15
	4	=		XII, —	16
XV,	16	=		VII, —	1
	17	=		—	2
	18	=		—	3
	19	=		—	4
	20	=		—	5
	21	=		—	6

Le texte de X 4 est abrégé dans Réginon, II, 356. Burchard, qui l'a pris
dans l'*Anselmo dedicata*, le donne intégralement.

La reproduction des *inscriptiones* est souvent faite par Burchard avec une
grande négligence.

(1) Les tableaux dressés par Richter se trouvent aux p. 56 et s. de ses
Beiträge zur Kenntniss der Quellen des canonischen Rechts (Leipzig, 1834);
ces tableaux indiquent les textes qui se trouvent à la fois dans le recueil de
Burchard et dans l'*Anselmo dedicata*, et aussi dans le recueil de Burchard et
dans celui de Réginon. Le tableau dressé par Wasserschleben, qui ne concerne que l'œuvre de Réginon, se trouve aux pages 497 et s. de son édition.
A la différence des premiers, il indique, non seulement les canons compris
dans les deux livres du recueil de Réginon, mais ceux contenus dans les
appendices. — Il est à remarquer que tandis que Wasserschleben renvoie à la
numérotation de son édition de Réginon, Richter, dont l'œuvre est antérieure à cette édition, renvoie à l'édition donnée par Baluze.

les Fausses Décrétales, auquel nous verrons que Burchard a
eu directement recours; visiblement, en pareil cas, une certaine
incertitude plane sur la source à laquelle Burchard s'est adressé.
Il est quelques indices qui peuvent contribuer à dissiper cette
incertitude: ainsi l'identité ou la ressemblance de l'*inscriptio*
placée par Burchard en tête d'un fragment et de l'*inscriptio*
de ce fragment dans l'une des collections qui lui ont servi
de source (1), ou encore l'analogie de l'ordre d'après lequel
sont présentés les mêmes fragments dans le *Décret* et dans
une autre des collections utilisées par Burchard, enfin
la présence, dans le texte reproduit par Burchard, de particularités qui caractérisent une des collections plus anciennes (2). Grâce à ces indices, il est permis de déterminer
approximativement le nombre, à la vérité très considérable,
des emprunts faits par Burchard à Réginon et à l'*Anselmo dedicata*. Mes investigations m'ont amené à penser que Burchard
a fait passer dans son œuvre 582 des 1079 chapitres qui
constituent les deux livres et les appendices du recueil de
Réginon; il n'est pas inutile d'ajouter qu'il y a inséré les chapitres les plus importants, comme, par exemple, ceux relatifs
aux interrogations synodales et à l'administration de la pénitence. Quant à l'*Anselmo dedicata*, elle me paraît avoir fourni à
Burchard près de 300 canons; en chiffres exacts (autant qu'on
peut être exact en ces matières) il en a tiré 281 chapitres.

En somme, 863 chapitres du *Décret*, constituant à peu près
la moitié de cette collection (on se rappelle qu'elle compte
1785 canons) sont tirés de l'œuvre de Réginon et de l'*Anselmo
dedicata*. On remarquera qu'ils sont fort inégalement distri-
bués dans les vingt livres de Burchard : ainsi le livre Ier contient 107 canons de l'*Anselmo dedicata* pour 28 de Réginon,
tandis qu'en revanche le livre II comprend 126 canons de Ré-

(1) Richter, dans le tableau qu'il a dressé des fragments communs au *Décret* et à l'*Anselmo dedicata*, a marqué d'un astérisque ceux qui portent les
mêmes rubriques dans l'une et l'autre collections.

(2) Par exemple, les *Statuta Ecclesiæ antiqua*, donnés dans l'*Hispana* comme
des canons du IVe concile de Carthage, sont indiqués régulièrement dans
l'*Anselmo dedicata*, sous la rubrique *Concilii habiti Valentiæ*. Là où cette
rubrique, spéciale à l'*Anselmo dedicata*, se retrouve dans le *Décret*, elle décèle un emprunt à l'*Anselmo dedicata*.

ginon et 32 seulement de la collection italienne; ainsi, les éléments tirés de l'*Anselmo dedicata* sont rares dans les derniers livres, pour la plupart consacrés aux textes pénitentiels, tandis que, sauf dans le livre XX, les matériaux empruntés à Réginon se présentent toujours en quantité considérable. Il suffira, pour s'en rendre compte, de se reporter au tableau placé à la fin de cette étude.

CHAPITRE II
LES SOURCES DU DÉCRET AUTRES QUE LA COLLECTION DE RÉGINON ET DE L'*ANSELMO DEDICATA*

Division de ce chapitre.

Il résulte de ce qui a été dit au chapitre précédent que plus de 900 fragments du *Décret* de Burchard (922 d'après mes calculs) tirent leur origine d'une source autre que le recueil de Réginon et l'*Anselmo dedicata*. Cette estimation diffère quelque peu de celle de Maassen, qui, comme on l'a dit plus haut, fixait ce chiffre à 800 environ (1).

La plupart de ces chapitres sont susceptibles d'être classés, d'après leur origine, dans l'une des catégories suivantes :

(1) Notre tâche serait simplifiée si nous connaissions exactement le contenu des manuscrits canoniques qui étaient conservés à la bibliothèque de Lobbes et que Burchard et son collaborateur Olbert ont pu y étudier. Malheureusement le catalogue des manuscrits conservés à Lobbes en 1049, publié par M. Omont (*Revue des bibliothèques*, t. I, ann. 1891, p. 3 et s.), ne contient sur ces manuscrits que des notions vagues et sommaires. Au n° 57, après l'indication des pénitentiels de Raban Maur, on trouve : Libri penitentiales; sinodus Vuormacensis; alia multa ad canones pertinentia, vol. I. Sous le n° 130, on lit : Canonum volumina duo. On ne peut rien conclure de telles indications. Il en est de même du catalogue, rédigé dans la seconde moitié du x° siècle, qu'a récemment publié M. Joseph Warichez (*L'abbaye de Lobbes depuis ses origines jusqu'en 1200*, 24° fascicule du *Recueil de Travaux* publié par les membres des Conférences d'histoire et de philologie de l'Université de Louvain, 1909, p. 254 et s.). On y trouve surtout des manuscrits patristiques; un seul manuscrit canonique y figure, avec le titre sommaire : Canones.

A propos des extraits des écrivains ecclésiastiques, je mentionnerai les exemplaires conservés à Lobbes des ouvrages utilisés par le *Décret*. Peut-être Olbert les a-t-il consultés.

1° Textes provenant de la collection de Denys (*Dionysio-Hadriana*);

2° Textes provenant des Fausses Décrétales. Je comprends dans cette catégorie, les textes authentiques, c'est-à-dire ceux qui, en général, sont tirés de l'*Hispana*, et les textes apocryphes, œuvre du faux Isidore;

3° Textes tirés des *Capitula Angilramni*;

4° Textes tirés de lettres isolées des Papes;

5° Textes isolés provenant des anciens conciles;

6° Textes tirés des conciles de l'époque mérovingienne;

7° Textes tirés des conciles de l'époque des Carolingiens en Allemagne (1);

8° Textes tirés des conciles de l'époque post-carolingienne;

9° Textes tirés des *Capitula* des évêques de la période carolingienne;

10° Textes tirés de la collection canonique dite *Hibernensis*;

11° Textes tirés des pénitentiels, y compris les œuvres pénitentielles de Raban Maur;

12° Textes tirés du droit romain;

13° Textes extraits des capitulaires authentiques ou apocryphes;

14° Textes tirés de la Bible;

15° Textes tirés des écrivains ecclésiastiques.

Il est à remarquer que de nombreux textes, extraits de quelques-unes de ces sources, sont déjà compris dans la masse des chapitres provenant des recueils des Réginon et de l'*Anselmo dedicata*. Par exemple, les auteurs de ces recueils ont fait usage de la *Dionysio-Hadriana* et des Fausses Décrétales; il est naturellement nombre de canons dionysiens ou isidoriens qui ont pénétré dans le *Décret* de Burchard par le canal de l'œuvre de Réginon ou de l'*Anselmo dedicata*. De même Burchard a emprunté à Réginon beaucoup de textes des capitulaires, vrais ou faux, à l'*Anselmo dedicata* divers textes de saint Grégoire, à l'un et à l'autre plusieurs textes de droit romain. Donc, quand je ferai connaître le nombre de fragments dionysiens, isidoriens ou autres qui sont venus à Burchard

(1) J'adopte pour limite l'année 911 qui vit la fin de la domination des Carolingiens en Germanie.

d'ailleurs que du recueil de Réginon et de l'*Anselmo dedicata*,
le lecteur ne devra point oublier qu'il se trouve dans le *Décret*
beaucoup de textes de même origine qui y sont entrés quand
Burchard a dépouillé ces deux collections (1). Il semble en
effet les avoir considérées comme les recueils fondamentaux
des textes canoniques, à tel point qu'on peut croire qu'il n'a
eu recours à d'autres sources que pour les compléter. Il n'en
a pas moins, comme on l'a vu, doublé, et même plus que
doublé le produit des emprunts faits par lui au recueil de
Réginon et à l'*Anselmo dedicata*.

Sous réserve de cette observation, je me propose de traiter,
dans les sections successives de ce chapitre, des diverses séries
de textes du *Décret* de Burchard qui viennent d'être énumérées.

Section I. — Textes tirés de la Dionysio-Hadriana.

Il n'y a pas lieu de s'étonner de ce que Burchard ait eu recours
à la *Dionysio-Hadriana*; c'est le contraire qui eût été invraisemblable, tant le recueil envoyé à Charlemagne par le pape
Hadrien Ier possédait d'autorité et était répandu dans les
bibliothèques du Moyen âge. M. Maassen, sans prétendre
énumérer tous les emprunts faits directement par Burchard à
la *Dionysio-Hadriana*, en avait signalé 15 (2). Comme M. Diedrich, j'estime qu'on peut admettre un chiffre sensiblement
plus élevé que celui qu'a donné M. Maassen (3). Je serais disposé à attribuer cette origine à soixante-huit canons au moins
du *Décret* de Burchard (4). Je reconnais d'ailleurs qu'en cette

(1) Ainsi M. Diedrich (*op. cit.*, p. 29) estime qu'il y a dans le *Décret* environ 236 chapitres qui appartiennent à la *Dionysio-Hadriana*; et cependant je pense que 68 seulement en ont été tirés directement. Le reste est
venu par des collections intermédiaires, notamment par celle de Réginon et
par l'*Anselmo dedicata*.

(2) Voir le passage consacré aux rapports de Burchard avec la *Dionysio-
Hadriana* dans l'étude précitée de M. Maassen, *Zur Geschichte der Quellen*...

(3) Ainsi, par exemple, dans le livre I de Burchard, je crois qu'on peut
faire remonter à la *Dionysio-Hadriana* l'origine des chap. 6, 31, 47, 108 et
119. M. Maassen ne cite que le chap. 6. De même, pour le livre II, on pourrait, ce me semble, citer les c. 177, 178 et 183.

(4) J'y comprends les six chapitres de la décrétale dogmatique du pape
saint Célestin insérés par Burchard dans son livre XX (c. 11, 12, 15, 16,
17 et 18; ce dernier est faussement attribué à saint Grégoire). Je dois re-

matière, l'identification certaine des sources est très difficile: car beaucoup de textes de la *Dionysio-Hadriana* ont pénétré dans le *Décret* non directement, mais par la voie de collections intermédiaires, notamment de celle de Réginon et de l'*Anselmo dedicata*.

M. Diederich a énuméré 38 chapitres (1) qu'il propose d'ajouter à la liste dressée par M. Maassen. Mais il n'a pas suffisamment tenu compte de ce fait que des textes de la *Dionysio-Hadriana* ont pu parvenir dans le *Décret* par le canal de l'*Anselmo dedicata*. Ainsi quatre des chapitres du livre I de Burchard qu'il indique comme tirés directement de la *Dionysio-Hadriana*, les c. 9, 82, 146 et 150, se trouvent aussi dans l'*Anselmo dedicata* (II, 30, 161 ; III, 172; II, 145). Il n'est donc pas absolument certain que Burchard les ait empruntés à la *Dionysio-Hadriana*.

Le chiffre de 68, que j'ai indiqué plus haut comme résultant de mes observations, serait incontestablement trop faible si l'on y devait comprendre tous les textes, qui, rencontrés par Burchard dans un autre recueil, ont été modifiés par lui d'après la collection de Denys (2).

Section II. — Textes tirés des Fausses Décrétales.

Les emprunts faits par Burchard aux Fausses Décrétales ont été signalés depuis longtemps. Au XVIIe siècle, Blondel en avait dressé une liste assez longue, quoiqu'incomplète (3). Mais il n'avait pas pris garde à ce fait que nombre de textes isidoriens sont parvenus à Burchard par le canal du recueil de Réginon ou de l'*Anselmo dedicata*. M. Maassen a constaté que Burchard ne s'est pas contenté de ces emprunts indirects, et qu'il a lui-même puisé directement à la compilation du

---

connaître qu'on pourrait aussi bien en attribuer l'origine aux Fausses Décrétales qu'à la *Dionysio-Hadriana*. On pourrait aussi être tenté de les faire dériver d'*Anselmo dedicata* (VIII, 29, 33, 34, 35, 38 et 39); mais le c. 18 de Burchard est plus complet que le c. 39 de l'*Anselmo dedicata*.

(1) *Op. cit.*, p. 26-27.

(2) M. Maassen (*op. cit.*), en a donné des exemples; on peut citer Burchard, I, 113; II, 18, etc. J'aurai sans doute l'occasion de revenir sur cette question.

(3) *Pseudo-Isidorus et Turrianus vapulantes*, Prolegomènes, c. 18.

faux Isidore; le savant historien du droit canonique a dressé
une liste d'une vingtaine de textes tirés des décrétales et de
53 canons tirés des conciles qui figurent dans cette compilation (1).

Dans son mémoire récemment publié (2), M. Diedrich a ajouté
un nombre considérable de chapitres du *Décret* à ceux indiqués
par M. Maassen comme tirés du recueil d'Isidore. Il comprend dans sa liste supplémentaire 29 extraits de décrétales et 48 canons de conciles, soit près de 80 textes. Toutefois,
parmi ces textes ajoutés par M. Diedrich, il en est un certain
nombre qui figurent à tort dans sa liste, parce que, en réalité,
Burchard les a extraits de l'*Anselmo dedicata* (3). Quoi qu'il en
soit, mes recherches personnelles m'ont amené à porter à 172
le nombre des fragments des Fausses Décrétales qui ont pris
place dans le *Décret* sans y être entrés par le canal de la collection de Réginon ou de l'*Anselmo dedicata*. Il faut remarquer
d'ailleurs que les canons des conciles contenus dans la collection du faux Isidore ont fourni beaucoup plus de textes que
les lettres apocryphes ou authentiques des Pontifes romains.

L'origine de ces fragments appelle quelques observations.

1° J'estime qu'un certain nombre d'entre eux viennent, non
pas de l'œuvre originale du faux Isidore, mais d'un des
recueils d'extraits qui, de bonne heure, ont été tirés des
Fausses Décrétales, probablement de celui dit de Remedius de
Coire.

En effet il est nombre des fragments isidoriens, insérés

(1) Voir la dissertation citée plus haut.
(2) *Op. cit.*, p. 19 et s.
(3) Sur quinze chapitres du livre I de Burchard que M. Diedrich place
dans sa liste, il en est six qui ne s'y devraient pas figurer, parce que, selon
toutes les vraisemblances, ils proviennent de l'*Anselmo dedicata*. Ce sont :

B, I, 51 = *Ans. dedic.*, III, 23
        127 =   II, 3
        136 =   II, 130 (et Remedius de Coire, c. 17).
        138 =   II, 133 (et Remedius de Coire, c. 15).
        152 est le début de   III, 41
        172 =   III, 78

On pourrait ajouter d'autres rectifications, par exemple :

B, III, 2 = *Ans. dedic*, X, 1
        59 =   IV, 52, etc.

dans le *Décret* quoique ne provenant ni de Réginon ni de l'*Anselmo dedicata*, qui sont identiques aux fragments insérés dans le recueil d'extraits pseudo-isidoriens dit de Remedius de Coire (1). Il y a plus : au chap. 66 du livre IV, l'évêque de Worms insère, sous le nom du pape Anteros, un fragment qui appartient en réalité à pseudo-Urbain. Cette méprise s'explique vraisemblablement parce que Burchard a tiré des *Capitula* de Remedius ce fragment qui y figure sous le n° 50, terminant à la vérité une série de textes d'Urbain, mais précédant immédiatement un texte d'Anteros ; du voisinage de ces deux textes est résultée une de ces confusions si fréquentes dans les recueils canoniques, en particulier dans le *Décret*. Visiblement

(1) Collection en 80 chapitres, publiée d'abord par Kunstmann, *Die Canonensammlung des Remedius von Chur* (Tübingen, 1836), et ensuite dans *Patrologia latina*, t. CII, col. 1093-1113. Je signale un certain nombre de textes identiques dans ce recueil et dans le *Décret* (les sommaires ne sont pas toujours identiques) :

1 de Remedius	=	Burchard, V, 11.
3	=	III, 216.
11	=	I, 15.
14	=	I, 4.
15	=	I, 138.
17	=	I, 136.
18	=	I, 76.
19	=	I, 140.
30	=	XI, 9.
22	=	I, 132.
26	=	I, 129.
33	=	XI, 29.
36	=	I, 28.
37	=	III, 215.
40	=	I, 154 (plus long).
42	=	II, 4.
43	=	X, 4.
44	=	XI, 38 (plus long).
46	=	XIX, 42 (plus long).
48	=	XI, 1.
49	=	XI, 48.
50	=	IV, 66.
51	=	II, 77.
54	=	I, 47.
61	=	I, 139.
63	=	IV, 63.
76	=	IV, 52.

Burchard s'est servi des *Capitula Remedii* ou de recueils qui, par leur contenu, leur ressemblaient beaucoup (1).

2° Si l'on fait abstraction des chapitres dont il vient d'être parlé, les fragments de la série de canons isidoriens qui ne proviennent ni de Réginon ni de l'*Anselmo dedicata* paraissent avoir été tirés directement par Burchard de la collection du faux Isidore. L'évêque de Worms possédait un exemplaire de cette collection sous sa forme complète, c'est-à-dire comprenant à la fois les décrétales apocryphes et authentiques et les canons des conciles. M. Diederich croit que cet exemplaire appartenait à la classe de manuscrits désignée par Hinschius sous le nom de classe A ², et même il ajoute que cet exemplaire devait surtout se rapprocher du *Codex Sangallensis*, n° 670, du x° siècle (2). Il est un indice qui s'accorde assez bien avec cette conclusion. On trouve dans le *Décret* de Burchard, comme j'aurai l'occasion de le faire remarquer (3), un très petit nombre d'extraits des lettres de saint Grégoire qui ne proviennent pas de Réginon ou de l'*Anselmo dedicata*. Or, parmi ces extraits, dont le nombre ne dépasse pas huit, s'il en est deux qui peuvent provenir des Fausses Décrétales telles qu'elles se présentent dans leur forme ordinaire et un qui se rattache au recueil dit de Remedius (4), il en est deux autres (B., III, 89 et 10, 91) qui sont tirés de lettres de saint Grégoire (5) conservées seulement dans le *Codex Sangallensis* et quelques manuscrits analogues, ainsi le manuscrit de Darmstadt et celui de Madrid. Je ne veux pas exagérer la portée de cet indice, mais il m'a paru utile de le signaler.

(1) Je ne suis pas en mesure de dire si l'un des recueils connus de Burchard ne serait pas la collection contenue dans un manuscrit du x° siècle, de la bibliothèque du chapitre de Mersebourg, signalée par Richter dans une recension qu'il fit de la publication de Kunstmann, *Die Canonensammlung des Remedius von Chur*; voir les *Kritische Jahrbücher für deutsche Rechtswissenschaft*, Leipzig, 1837, p. 353-386.

(2) Diederich, *op. cit.*, p. 25 : cfr. Hinschius, p. XLVI.

(3) Voir ci-dessous.

(4) B., V, 42 et 43, fragment des *interrogationes Augustini et responsiones Gregorii* (Hinschius, p. 742); B. IV, 52 est un fragment d'une lettre à Secundinus qui figure dans certains manuscrits des Fausses Décrétales (Valle. 630 et autres); c'est d'ailleurs le chap. 76 de la collection de Remedius.

(5) Lettres II, 17 et I, 35 de l'édition des *Monumenta Germaniae*; II, 14 et I, 35 de l'édition des bénédictins de Saint-Maur.

3° Enfin aux textes pseudo-isidoriens se rattachent deux fragments donnés par Burchard : la lettre de pseudo-Pelage II sur les préfaces de la messe, et la décrétale apocryphe de Deusdedit sur la portée de l'empêchement de parenté spirituelle (B. III, 69 et XVII, 44). D'après l'édition de Hinschius, ces textes ne sont pas compris dans l'œuvre du faux Isidore. Mais David Blondel, au XVIIe siècle, les considérait comme faisant partie des apocryphes isidoriens (1); au surplus les apocryphes de Pélage II et de Deusdedit figurent dans un recueil d'extraits fait principalement d'après les décrétales de la compilation isidorienne, recueil dont nous possédons un exemplaire du XIIe siècle, le Vatic. 3829, signalé par Hinschius (2). Faut-il croire que Burchard les a trouvés dans un recueil des Fausses Décrétales particulièrement riche, ou les a-t-il puisés à une autre source? C'est une question que je n'ose trancher.

En somme les Fausses Décrétales constituent, après Réginon et l'*Anselmo dedicata*, la source la plus importante du *Décret* de Burchard. L'évêque de Worms a eu à sa disposition un exemplaire complet, probablement de la forme A², peut-être du type du manuscrit de saint Gall, et une série d'extraits du type des extraits de Remedius de Coire.

Section III. — **Textes tirés des Capitula Angilramni.**

C'est le lieu de mentionner ici onze textes des *Capitula Angilramni* qui sont devenus des chapitres du *Décret* de Burchard, à savoir :

(1) Blondel : *Pseudo-Isidorus et Turrianus vapulantes* (Genève, 1628), p. 642 et 675; Jaffé-Wattenbach, nos 1065 et 2063. — Il importe de faire remarquer que M. Kœniger (*Burchard I von Worms*, p. 157) semble croire que le pseudo-décret de Pélage est une falsification imputable à Burchard.

(2) Hinschius, p. LXXVI. — Il y a à la Bibliothèque du Vatican deux manuscrits que je crois être des copies modernes de cette collection, l'une complète (Vatic. 5406), l'autre incomplète (Vatic. 4886). Je ne pense pas que Burchard l'ait employée; car il serait étrange qu'il n'en eût pas tiré un meilleur parti. Elle contient, en effet, de nombreux extraits de saint Grégoire et une foule de textes, par exemple de Gélase Ier et des deux Pélage, qui eussent présenté beaucoup d'intérêt pour lui. D'ailleurs je ne sais si cette collection est antérieure au XIIe siècle, date du manuscrit qui l'a conservée.

B,   I, 182, ex conc. Spaiensi,   c. 2, = Hinschius, c. 7, p. 767.
        163,   —   =   —   c. 12, p. 768.
    II, 39, ex decretis Adriani papae, c. 15. =   —   c. 15, p. 761.
        200, in decretis Adriani papae, c. 38, =   —   c. 37, p. 784.
        204, ex conc. Triburiensi,   c. 4, =   —   c. 14, p. 768.
   III, 199, ex decretis Adriani papae, c. 2, =   —   c. 6, p. 767.
   XV,   2, ex conc. Carthag.,   c. 8, =   —   c. 8, p. 767.
         9, ex conc. Triburiensi,   c. 10, =   —   c. 36, p. 784.
   XVI, 3, ex conc. Arausico,   c. 4, =   — c. 47 à 48, p. 766.
         6, ex decretis Adriani papae, c. 2, =   —   c. 1, p. 766.
        14, ex decretis Adriani papae, c. 4, =   —   c. 49, p. 766.

Il n'est pas inutile de signaler comme provenant peut-être
de la même source, les chapitres 10 et 32 du livre XVI de
Burchard, qui reproduisent respectivement les fragments des
Capitula Angilramni portant les numéros 3 à 50(1). Ils ont
pour *inscriptiones*, le premier : *Ex decretis Eusebii papae*, c.
20, et le second : *Ex concilio Wormatiensi*, c. 4. Si j'hésite à
présenter ces textes comme provenant directement des *Capitula
Angilramni*, c'est qu'ils figurent aussi, le premier dans le
recueil de Benoît le Diacre et le second dans l'*Anselmo dedicata*. Or, dans le *Décret* de Burchard, le premier de ces textes
suit immédiatement deux textes tirés du recueil de Benoît; le
second, deux textes tirés de l'*Anselmo dedicata*. On voit que
la question d'origine est assez douteuse. D'ailleurs, quelle que
soit la source à laquelle Burchard a emprunté ces textes, il
leur a, suivant sa coutume, fabriqué des *inscriptiones* (2).

Section IV. — **Textes tirés des lettres isolées des Papes.**

Indépendamment des lettres des Papes qui proviennent des
collections utilisées par Burchard, telles que le recueil de Réginon, l'*Anselmo dedicata*, la *Dionysio-Hadriana*, et les Fausses
Décrétales, on rencontre dans le *Décret* un petit nombre de

---

(1) Hinschius, p. 767 et 766.
(2) Burchard, XVI, 8 = Ben. Lev., . III, 454.
                    9   III, 163.
                   10   III, 367.
   Burchard, XVI, 30 = Ans. dedic.,   III, 182.
                   31   III, 139.
                   32   III, 96.

textes appartenant à des lettres isolées des Pontifes Romains.
J'en ai relevé treize, dont voici l'énumération :

1° *S. Gélase.*

B., III, 217, 218, 219. Ces trois chapitres reproduisent le
canon des Livres Saints donné par le décret bien connu de
Gélase (1).

B., XI, 47 et 48. Ces chapitres reproduisent le fragment de
Gélase sur les excommunications qui se trouve aussi dans
nombre de collections canoniques du xıᵉ siècle et du xııᵉ (2).

2° *S. Grégoire le Grand.*

Il y a dans le *Décret*, à ma connaissance, quelques textes de
S. Grégoire qui ne proviennent pas d'une collection connue,
notamment de l'*Anselmo dedicata* (3), à savoir :

B., II, 238, portant la fausse inscription : « ex epistola
Gregorii papae Secundino servo Dei recluso directa », vient
d'une lettre de saint Grégoire au roi Childebert (4).

B., III, 36, portant la même inscription, également fausse,
est un fragment de la lettre à Serenus, évêque de Marseille (5).

B., III, 124, avec la fausse inscription « ex epistola Pii
papae », est un fragment de la lettre aux évêques de Numidie (6).

Tels sont les seuls fragments des lettres de saint Grégoire,
insérées dans le *Décret*, que nous ne puissions rattacher à une
collection connue (7).

(1) Loisy, *Histoire du canon de l'Ancien Testament*, p. 159. Cf. Jaffé-
Wattenbach, n° 700. On sait que ce texte a été parfois attribué au pape
Damase.

(2) Voir ce texte dans Thiel, *Epistolae Romanorum Pontificum genuinae*,
p. 561. Cf. Jaffé-Wattenbach, nº 693.

(3) On a indiqué plus haut (p. 12, note 4), les fragments de lettres de S. Grégoire extraits par Burchard de l'*Anselmo dedicata*. Je ne puis citer aucun
texte de ces lettres qui lui ait été fourni par Réginon. Burchard a tiré de
son recueil un fragment douteux de S. Grégoire (Réginon, I, 323) qu'il a placé
en son livre XIX où il forme le c. 66. On verra plus loin, à la section
consacrée aux écrivains ecclésiastiques, que Burchard a inséré un fragment
de S. Grégoire provenant de la vie du saint Pontife écrite par Jean Diacre.

(4) Édition des *Monumenta Germaniae*, V, 60; édition des Bénédictins de
S. Maur, V, 55.

(5) *Monumenta Germaniae*, XI, 10; Bened., XI, 12.

(6) *Monumenta Germaniae*, I, 75; Bened., I, 77.

(7) Le c. 91 du livre IV de Burchard, qui est une lettre de saint Grégoire

3° *Grégoire II.*

B., II, 186 : Grégoire II à saint Boniface (1).

4° *Zacharie*.

B., IV, 43 : Lettre du pape Zacharie à saint Boniface (2).

5° *Léon III.*

B., I, 198 : Serment du pape Léon III (3).

6° *Nicolas Ier.*

B., VI, 46 : Lettre de Nicolas 1er à Ratold de Strasbourg (4).

7° *Grégoire V.*

B., XI, 26 : Lettre de Grégoire V à Constance, reine de France, femme de Robert le Pieux, datant de l'année 998. C'est le texte daté le plus récent qui se trouve dans le *Décret* de Burchard (5).

J'ai écarté de cette liste divers textes que M. Diedrich croit, à tort, ne provenir d'aucune collection connue (6); ainsi le texte de saint Grégoire, B., I, 191, qui, en réalité, provient d'*Anselmo dedicata*, II, 174; le texte de saint Grégoire, B., XV,

(*Monumenta Germaniae*, I, 34 ; Bénéd., I, 35), reproduit le c. 19, saint Grégoire, du livre XII de l'*Anselmo dedicata*. Il donne de plus la dernière phrase du texte, négligée dans le manuscrit de Metz de l'*Anselmo dedicata* que j'ai dépouillé. Je suis porté à croire que ce texte a été tiré par Burchard de l'*Anselmo dedicata*; peut-être l'a-t-il rencontré dans un manuscrit où la lettre était complète; peut-être Burchard, comme cela lui est arrivé souvent, a-t-il revisé son texte pour le compléter. Ce qui donne à penser que Burchard a tiré ce texte du livre XII de l'*Anselmo dedicata*, c'est que ce livre a fourni de nombreux chapitres voisins du chapitre dont il s'agit. Ainsi :

B. IV, 81 = Ans. dedic., XII, 56.
        82   58.
        83   61.
        84   63.
        85   64.

(1) *Monumenta Germaniae, Leges* (éd. in-fol.), t. II, p. 15.
(2) Jaffé, *Bibliotheca rerum Germanicarum, Monumenta Moguntina*, p. 89. Cf. Jaffé-Wattenbach, n° 2174.
(3) Jaffé, *ibid.*, p. 167; cf. Jaffé-Wattenbach, n° 2376.
(4) Jaffé-Wattenbach, n° 2858. Le fragment de la lettre de Nicolas 1er à Adalwin de Salzbourg, que Burchard a inséré (VIII, 47), paraît avoir été tiré de Réginon, appendice II, c. 39.
(5) Jaffé-Wattenbach, n° 2979.
(6) *Op. cit.*, p. 37.

21 qui vient aussi d'*Anselmo dedicata*, VII, série de saint Grégoire, c. 6; le texte de saint Grégoire, B., IV, 52, qui est le c.
76 de la collection dite de Remedius de Coire, sans compter
que ce passage d'une lettre à Secundinus se trouve dans certains manuscrits du faux Isidore(1). Je n'y ai point admis
non plus un texte donné sous le nom de saint Grégoire, apocryphe qui a trouvé place dans le *Décret* de Burchard (IX,
44) et dont j'ignore l'origine(2); une décision analogue est
donnée en bref dans une lettre de Grégoire II à saint Boniface
qui a probablement inspiré l'auteur de l'apocryphe (3).

Cette liste de fragments de lettres de Papes étant établie,
on peut se demander s'il est permis de deviner la source à
laquelle Burchard les a puisés. Pour répondre à cette question,
je me bornerai à proposer deux conjectures, l'une concernant
les textes de saint Grégoire, et l'autre concernant quelques
fragments des autres Papes cités.

1° En ce qui touche les textes tirés des lettres de saint Grégoire dont il vient d'être question, il me semble que Burchard
a dû les prendre dans un recueil fait sans soin, où les *inscriptiones* manquaient; afin de combler cette lacune, lui-même s'est
mis à forger des inscriptions inexactes, pour la confection desquelles il a employé à deux reprises l'intitulé de la lettre si
répandue de saint Grégoire à Secundinus. S'il avait rencontré
ces textes précédés d'*inscriptiones* exactes, il les aurait vraisemblablement transcrites; car les noms des destinataires de
ces lettres, Childebert, Serenus, les évêques de Numidie,
n'avaient rien qui pût lui porter ombrage. Ainsi Burchard
n'avait pas à sa disposition une bonne collection des lettres de
saint Grégoire; aussi ne faut-il pas s'étonner de ce qu'il ait tiré
surtout parti des lettres de saint Grégoire contenues dans l'*Anselmo dedicata*.

2° J'ai constaté ci-dessus que Burchard a inséré dans son

(1) Voir ci-dessus, p. 21, note 4.
(2) J'ai rencontré ce texte dans un manuscrit des Fausses Décrétales, du
x° siècle, qui est conservé à la bibliothèque du Dôme de Monza sous le
n° CCXI (T. I) et a été signalé par Frisi, *Memorie storiche di Monza* (Mi-
lan, in-4°, 1794) t. III, p. 229. Voir sur ce fragment Jaffé-Wattenbach,
n° 1534.
(3) Jaffé, *Bibliotheca rerum Germanicarum, Monumenta Moguntina*, p. 89.

Décret le serment de Léon III et la lettre de Nicolas Ier à Ratold de Strasbourg. Or le manuscrit 27246 de la Bibliothèque royale de Munich (Cod. Frising., autrefois aux Archives du Royaume sous la cote B, H, 1 ; xe siècle)(1) contient, outre ces deux textes, la lettre de Paulin d'Aquilée à Aistulfe qui se retrouve aussi dans le *Décret* (VI, 40) et les canons des conciles d'Altheim et d'Erfurt qui ne nous sont parvenus que par le canal de ce manuscrit(2) et que Burchard a utilisés, comme on le dira ci-dessous. Ces coïncidences me donnent à penser que Burchard a pu connaître ce manuscrit ou un manuscrit fait sur le même modèle. A l'appui de cette conjecture, on peut encore invoquer la présence, dans le manuscrit de Munich, des conciles réformateurs de 813, dont Burchard a fait largement usage. Je sais bien qu'il serait possible d'objecter la présence, dans le *Décret* (XI, 77), d'un canon d'Altheim qui ne se trouve pas dans notre manuscrit, ce qui donnerait à penser que Burchard a consulté une recension plus complète des canons d'Altheim, aujourd'hui perdue. Mais ce canon est-il authentique, ou ne serait-ce pas un apocryphe de Burchard? Étant donnés les procédés habituels de l'évêque de Worms, on ne saurait résoudre cette question avec certitude.

Section V. — Canons isolés de conciles anciens.

Par les conciles anciens, j'entends les conciles antérieurs à l'époque mérovingienne. Or ces conciles, notamment ceux d'Orient ou d'Afrique, ont fourni beaucoup de textes à Burchard; mais ces textes lui sont parvenus par l'intermédiaire de collections connues, *Dionysio-Hadriana*, Fausses Décrétales, recueil de Réginon, *Anselmo dedicata* et collection irlandaise. Il n'y a qu'un texte de concile ancien qui apparaisse isolé, sans qu'on puisse le rattacher à l'une de ces collections; c'est le c. 69 du livre X, qui n'est autre que le c. 19 du concile de Chalcédoine d'après la *versio prisca*. Il est d'ailleurs placé à

----

(1) Sur ce manuscrit, cf. la notice de Sdralek, *Handschriftlich-kritische Untersuchungen über eine Gruppe von Briefen Papst Nicolaus I*, dans l'*Archiv für katholisches Kirchenrecht*, t. XLVII (1882), p. 212-213.

(2) *Monumenta Germaniae, Constitutiones et Acta*, t. I, p. 2 et 618.

la suite du même canon d'après la version dionysienne qui
forme le chapitre précédent du *Décret* de Burchard.

Dans l'étude qu'il a consacrée à Burchard (1), M. Hauck
émet une hypothèse d'après laquelle l'évêque de Worms, ou
tout au moins son collaborateur Olbert de Gembloux, aurait
utilisé le texte grec des anciens canons. Il cite, à l'appui de
cette hypothèse, le c. 39 du livre I où Burchard reproduit le
16ᵉ canon d'Antioche d'après une version qui n'est point celle
de la *Dionysiana* ni celle du faux Isidore, et en conclut que Burchard possédait une troisième version latine ou un texte grec.
En réalité, le texte de Burchard est exactement celui qui se
retrouve au c. 9 des *Capitula* de Martin de Braga, insérés dans
les Fausses Décrétales, et souvent utilisés par Burchard. Il
n'y faut donc voir aucune trace de recours aux textes grecs.
Je ne crois pas qu'on puisse accorder créance à l'opinion d'a-
près laquelle Burchard ou ses collaborateurs auraient, en certains cas, travaillé d'après le texte grec (2).

Section VI. — Textes tirés des conciles de l'époque mérovingienne.

On peut reconnaître dans l'œuvre de Burchard trente-cinq
canons empruntés aux conciles de l'époque mérovingienne, à
savoir : au concile d'Epaône, aux 1ᵉʳ, 3ᵉ, 4ᵉ et 5ᵉ conciles d'Orléans, au 2ᵉ concile de Vaison, au concile de Clermont, au
concile tenu à Tours en 567, au concile d'Auxerre, aux deux
conciles de Mâcon, au concile de Paris de 614, au concile
d'Autun et enfin au concile romain tenu en 743 par le pape
Zacharie.

Ces emprunts se décomposent ainsi (3) :

(1) *Ueber den Liber Decretorum Burchard's von Worms*, dans les *Berichte
über die Verhandlungen der K. Sächsischen Gesellschaft der Wissenschaften,
philologisch-historische Classe*, 1894, p. 69.

(2) L'observation qu'ajoute M. Hauck et qu'il tire de c. 71 du livre I ne
me paraît nullement démonstrative. En effet la suppression du dernier membre de phrase de c. 22 d'Antioche (dans le texte dionysien) peut s'expliquer
indépendamment de toute influence du texte grec; Burchard, tout en em-
ployant le texte dionysien, a pu subir l'influence du texte de l'*Hispana*, ou
simplement, comme il l'a fait bien des fois, retrancher un membre de phrase
qui lui semblait inutile.

(3) Pour l'identification des textes des conciles mérovingiens ci-dessous

Concile d'Epaône :	13; =	D , XVI,	24 (1).
	26 et 27; =	II,	25.
	25; =	III,	88.
	37; =	XI,	50.
1er concile d'Orléans, 511, c.	1-3; =	III,	190 à 192.
c.	5; =	III,	136.
3e 538, c.	3; =	I,	46.
c.	4; =	VII,	14.
4e 541, c.	6; =	II,	159.
5e 549, c.	12; =	I,	186.
2e concile de Vaison (529) :			
2	=	II,	232.
4	=	II,	230.
Concile de Clermont (Arvernense), 535, c.	1; =	I,	58.
c.	5; =	XV,	36.
c. 7 et 8; =		III,	107 et 108.
c.	15; =	II,	231.
Concile de Tours, 567, c.	4; =	III,	102.
c.	27; =	XV,	3.
Concile d'Auxerre, c.	10; =	III,	236.
c.	12; =	III,	236.
c.	17; =	XIX,	131.
c.	26; =	VIII,	101.
1er concile de Mâcon, 583, c.	16; =	IV,	88.
c.	8; =	XVI,	21.
2e concile de Mâcon, 585, c.	4; =	V,	24.
c.	4; =	V,	23.
(résumés) c. 8 et 9. =		III,	193.
Concile de Paris de 614, c.	4; =	XVI,	22.
c.	6; =	XVI,	22.
c.	15; =	VIII,	48.
Concile d'Autun, c.	5; =	VIII,	82.
Concile du pape Zacharie (743). c.	9; =	X,	16.
c.	12; =	III,	231.
c.	13; =		230.

Il est difficile de dire où Burchard a puisé ces textes. Peut-être en a-t-il extrait un bon nombre de recueils analogues à ceux des manuscrits de Beauvais et de Saint-Amand décrits par Maassen(2), où la plupart de ces canons sont réunis. Plu-

indiqués (sauf pour le concile du pape Zacharie), se reporter à Maassen, *Concilia aevi merovingici*, dans les *Monumenta Germaniae, Legum sectio III, Concilia.*

(1) Avec des additions de Burchard.

(2) *Geschichte der Quellen des canonischen Rechts*, p. 778 et s. Burchard a pu trouver les canons du 1er concile d'Orléans dans les Fausses Décré-

sieurs d'entre eux sont démarqués, suivant un procédé fréquemment employé par Burchard. Je crois utile de faire
remarquer que deux des quatre canons tirés du concile
d'Auxerre portent l'inscription *ex concilio Urbico* (1). C'est une
inscription qui, loin d'être particulière à Burchard, a été
donnée dans d'autres collections aux canons d'Auxerre (2).

Section VII. — Textes tirés des conciles de l'époque carolingienne (752-911).

Plus abondants sont les emprunts faits aux canons des conciles de l'époque carolingienne; on en peut constater plus de
quatre-vingt-dix. En particulier, Burchard a largement usé
des décisions des conciles réformateurs tenus en 813 dans
l'Empire carolingien. A la vérité, l'un d'eux, le concile d'Arles, semble ne lui avoir fourni aucun texte; mais les canons
des conciles de Mayence, de Chalon, de Reims et de Tours,
qui se réunirent en la même année, ont été maintes fois utilisés par lui (3).

Si l'on en veut un exemple, il suffira de jeter les yeux sur
le livre VIII du *Décret*; on y rencontrera les textes suivants
empruntés aux conciles réformateurs :

c.	5 =	Mayence,	21.
	56 =	—	31.
	57 =	—	22.
	58 =	—	13.

tales; mais la mention du nom du roi Clovis en tête du c. 190 du livre III
(c. 1 du 1er concile d'Orléans) donne à penser qu'il ne les a pas empruntés
à ce recueil (Cf. Hauck, *op. cit.*, p. 67).

(1) III, 216 et VIII, 101.

(2) Il ne faut pas confondre ces textes avec les textes d'origine romaine
qui dans les manuscrits des pays francs, sont parfois appelés *canones Urbi-
cani* (Maassen, *Geschichte*, p. 236).

(3) Pour l'identification des textes de ces conciles, antérieurs à 840, il
convient de se référer au tome II des *Leges*, section III, *Concilia* des *Monu-
ments Germaniae*. Pour le concile de Meaux, qui sera cité plus loin, voir
Monumenta Germaniae, Leges, sectio II, Capitularia, éd. Borétius-Krause,
t. II, p. 388 et s. Pour les conciles de Mayence de 847 et 852, voir même
volume, p. 173 et s.; p. 181 et s. Pour le concile de Tribur, de 895, voir
p. 196 et s.; pour le concile de Pavie, de 850, voir p. 116 et s. Pour les
autres conciles cités, le lecteur se référera à la collection de Mansi.

59	=	Chalon,	62 (1).
77	=	—	59 (2).
78	=	—	63.
79	=	—	64.
89	=	Mayence,	11 et 12.
90	=	—	13.
91	=	—	23.
92	=	Reims,	17.
93	=	Chalon,	7.
94	=	—	53.
95	=	—	61 (3).

Des emprunts, non aussi abondants, peuvent être signalés dans la plupart des livres du *Décret* (4). Il n'y a aucune exagération, estimer à une cinquantaine le nombre des chapitres que Burchard a tirés de cette source.

Burchard a en outre inséré dans son recueil un certain nombre de canons du concile de Meaux de 845 (5), qu'il a tirés directement des actes de ce concile, sans préjudice de ceux qu'il a extraits du recueil de Réginon. Il a puisé aussi aux canons des trois conciles tenus à Mayence en 847 (6), 852 (7) et 888 (8). Quant aux canons du concile de Worms de 868,

(1) Donné comme un canon de Mayence.

(2) Donné comme un canon de Mayence.

(3) Ces quatre derniers canons sont faussement attribués au concile de Mayence, qui paraît avoir les préférences de Burchard.

(4) Je me borne à ajouter les exemples que me fournit le livre III du *Décret* :

c.	64	=	Chalon (813),	c. 38.
	112	=	—	c. 42.
	113	=	Mayence (813),	c. 30.
	131	=	—	c. 38.
	132	=	Chalon (813),	c. 18.
	232	=	Mayence (813),	c. 51.
	233	=	—	c. 52.
	234	=	Tours (813),	c. 32.
	235	=	—	(813), c. 37.

(5) I, 84 (c. 39); II, 211 (c. 37); III, 168 (c. 23); III, 237 (c. 78); IV, 77 c. 45).

(6) VI, 9 (c. 25); VI, 35 (c. 26); XVIII, 14 (c. 26); XIX, 147 (c. 2), etc.

(7) III, 130 (c. 3, faussement attribué à un concile de Rouen); XIX, 36 (c. 16).

(8) II. 56 (c. 9, faussement attribué à Tribur); II, 234 (c. 19), etc.

j'en trouve huit dans le *Décret* qui figurent aussi, sous la même
rubrique, dans le recueil de Réginon(1). En outre Burchard a
attribué la désignation de canon de Worms à un texte d'origine incertaine que Réginon avait inséré dans sa collection (2),
et à huit fragments tirés des capitulaires, des *Capitula* d'Hérard de Tours et des *Capitula Angilramni*(3); or on verra plus
loin que Burchard démarquait systématiquement les textes

(1) B., II, 199 = Rég. II, 278 (Mansi, *Concilia*, t. XV, col. 869 et s.).
— III, 37 = — I, 23 (c. 3).
— IV, 7 = — I, 272 (c. 1).
— V, 2 (2ᵉ partie) = — I, 57 (c. 4).
— VI, 8 = — II, 42 (c. 26).
— VI, 21 = — II, 17 (c. 29).
— VII, 2 = — II, 263 (c. 32).
— XI, 66 = — II, 277 (c. 15).

Tous ces textes font partie de la série des canons de Worms qui présentent des garanties d'authenticité; cette série comprend 43 ou 44 canons (cf.
Victor Krause, *Neues Archiv*, t. XIX, ann. 1893, p. 99 et s.). Burchard
comme Réginon, les attribue à Worms.

(2) B., XVII, 57; cf. Rég., II, 88, où ce texte est rattaché à la *Lex Romana Visigothorum*.

(3) Voici la série de ces textes :

B., III, 7	=	Rég.,	I, 27 (Capitulaire de Salz).
— III, 52	=	—	24 (Anseg., I, 85).
— IV, 28	=	Ben. Lev., III, 175	
— IV, 40	=	—	III, 403
— IV, 59	=	—	III, 177
— IV, 62	=	—	c. 137 des *Capitula* de l'archevêque de Tours, Hérard.
— V, 2 (1ʳᵉ partie)	=	Rég.,	I, 348 (c. 44 de Gennadius, *de dogmatibus ecclesiasticis*).
— V, 10	=	—	I, 70 (Capitulaires).
— XVI, 32	=		*Capitula Angilramni*, c. 50 (Voir ci-des- sus, p. 23).

Il est à remarquer :
Que le texte de Gennadius (B., V, 2) a été joint naturellement par Burchard au c. 4 des canons authentiques de Worms qui traitait du même
objet;
Que tous les autres textes de cette série sont sûrement étrangers au concile de Worms, mais que, étant tirés de capitulaires des rois ou de *Capitula*
d'évêques, ils devaient être démarqués par Burchard. L'évêque de Worms a
utilisé, pour leur donner une origine, l'inscription : *Ex concilio Wormatiensi*,
comme, à d'autres, il a donné des attributions aux conciles de Tribur, de
Mayence, etc. Il sera traité de ces apocryphes dans la IIᵉ Étude.

puisés à ces sources. Il résulte de ces observations, d'abord que Burchard paraît bien n'avoir utilisé les canons de Worms que par l'intermédiaire du recueil de Réginon, sans avoir consulté directement la série des 43 ou 44 canons de Worms qui sont donnés pour authentiques (ce qui peut paraître étrange de la part d'un évêque de Worms), et en second lieu qu'il a utilisé la désignation « *ex concilio Wormatiensi* » pour déguiser des textes ayant une autre origine.

Burchard a fait largement usage des canons du concile qui, en 895, réunit à Tribur les membres de l'épiscopat germanique. Les études de MM. Victor Krause et Emile Seckel ont jeté beaucoup de lumière sur l'histoire obscure des diverses recensions du concile de Tribur et de leur transmission aux recueils de Réginon et de Burchard (1). Les conclusions suivantes me paraissent résulter de leurs travaux.

1° Burchard a emprunté, sans doute directement à l'original, 14 canons de la version la plus étendue des canons de Tribur, dite Vulgate (2).

2° Il a inséré dans son *Décret* 23 canons de la version abrégée des conciles de Tribur que M. Seckel a fait connaître (3).

(1) Victor Krause, *Die Akten der Triburer Synode 895*, dans *Neues Archiv*, t. XVII (1891), p. 51 et s.; Emile Seckel, *Zu den Akten der Triburer Synode 895; ibid.*, t. XVIII (1892), p. 367 et s. (Voir notamment en ce qui concerne Burchard, p. 380-384); Victor Krause, *Die Triburer Acten in der Chalons'er Handschrift; ibid.*, t. XVIII, p. 413 et s.; Emile Seckel, *Zu den Acten der Triburer Synode 895*, *Neues Archiv*, t. XX (1895), p. 291 et s. Dans son ouvrage intitulé *Quasiaffinität*, t. II (Innsbruck, 1906, p. 310), M. von Hörmann fait remarquer que la découverte de la courte recension des canons de Tribur, dite *Catalaunensis*, due à M. Seckel, a simplifié la controverse qui s'est élevée sur le point de savoir quelle est la version authentique de ce concile, mais ne l'a pas résolue. En ce qui concerne Burchard, voir les tableaux dressés par Krause (XVII, 80 et 81) et Seckel (XVIII, p. 401 et 406), et aussi les tableaux placés en tête des canons de Tribur par Krause dans le tome II des *Capitularia*, p. 196 et s. Il est à remarquer que Burchard use souvent de l'inscription suivante : *Ex concilio Triburiensi, cui interfuit rex Arnulphus.*

(2) I, 220; II, 132; III, 223 et 224; III, 237; VI, 47 et 48; IX, 73; XI, 73 et 75; XV, 37; XVII, 45, 46 et 50.

(3) *Neues Archiv*, t. XVIII, p. 395 et s. M. Krause refuse à la *Catalaunensis* le caractère d'un texte officiel. Il y voit un travail d'ordre privé où sont réunies, sous la désignation de canons de Tribur, des décisions variées qui ont paru intéressantes au compilateur (*Neues Archiv*, t. XVIII, p. 424).

Cette version est dite *Catalaunensis* parce qu'elle a été conservée dans le manuscrit 32 de Châlons-sur-Marne.

De ces 23 canons, il en est deux (IX, 76 et XVII, 49) que Burchard a puisés directement dans la *Catalaunensis*. Quant aux autres, il a pu les prendre dans la *Catalaunensis* ou dans le recueil de Réginon, où ils ont trouvé place; il est difficile de déterminer celui de ces recueils auquel il s'est adressé. M. Krause présente à ce sujet des observations qui ne me semblent pas décisives (1). Je crois plus prudent de rattacher ces textes au recueil de Réginon, tout en admettant que, conformément à ses habitudes, Burchard a très bien pu confronter le texte que lui donnait Réginon avec le texte de la *Catalaunensis*.

3° Burchard a inséré en outre dans son *Décret*, 10 canons de Tribur étrangers à la *Catalaunensis* (2). Son texte est conforme, non à la Vulgate, mais à la recension, en général plus courte, qu'a suivie Réginon. On peut dire que, pour cette série, il dépend encore de Réginon.

4° On trouve dans l'œuvre de Burchard, divers canons, probablement apocryphes, en tout cas douteux, qui portent l'attribution au concile de Tribur. Il est certain d'ailleurs, que Burchard a volontiers donné le titre de canons de Tribur à des textes qu'il voulait démarquer; on en a vu plus haut un exemple à propos des textes empruntés aux *Capitula Angilramni*; il serait possible d'en citer d'autres (3). Ces canons sont faux ou suspects; en tout cas nous n'avons pas à en faire état lorsque nous recherchons les textes tirés par Burchard des canons de Tribur.

En résumé, si j'écarte ces canons suspects, je trouve dans l'œuvre de Burchard :

14 canons de Tribur provenant de la Vulgate;

2 canons provenant de la *Catalaunensis*;

21 provenant probablement de Réginon;

10 provenant sûrement de Réginon.

Ainsi, pour 31 canons, Burchard dépend de Réginon. Je

(1) *Neues Archiv*, t. XIX, p. 426.

(2) VI, 1, 2, 3, 4, 22; VIII, 10; IX, 43 et 66; XVII, 6; XIX, 149.

(3) On voit que Burchard a usé du vocable de Tribur comme il avait fait du vocable de Worms. Il sera traité de ces apocryphes dans la II° partie.

n'ai pas ici à faire état de ces canons; je me borne à constater que le chiffre des emprunts directs faits par Burchard aux recensions de Tribur (Vulgate ou *Catalaunensis*) s'élève vraisemblablement à 16.

A l'époque carolingienne appartiennent encore les conciles tenus en Italie au cours du IXᵉ siècle. Burchard leur a emprunté huit chapitres, qu'il a démarqués avec soin : quatre sont tirés des canons du concile tenu à Pavie en 850 (1) et quatre des canons du concile assemblé à Ravenne en 877 (2).

En résumé Burchard, à ma connaissance, a puisé directement 91 chapitres dans les canons du concile de l'époque carolingienne. Il n'est pas inutile de faire remarquer que deux groupes importants émergent dans cette série; le groupe des canons des conciles de 813 et le groupe des canons de Tribur.

Section VIII. — Textes tirés des conciles postcarolingiens.

Entre la fin du règne de la dynastie carolingienne en Allemagne (911) et l'époque où Burchard composa son *Décret*, les évêques de l'Église germanique se réunirent en conciles à diverses reprises. Le *Décret* contient vingt-cinq chapitres tirés des canons rédigés dans quelques-unes de ces assemblées, à savoir les conciles d'Altheim, de Coblence et d'Erfurt.

Du concile tenu à Altheim en 916, Burchard a reproduit le prologue; il a en outre inséré 14 des 38 canons de cette assem-

---

(1) c. 1 de Pavie (850) =   I, 163, attribué au concile d'Orléans.
    2   =   I, 165,   —   —   Orange.
    18   =   II, 226,   —   —   Paris.
    3   = XIV, 7,   —   au pape Eusèbe.

Voir le texte de ce concile dans les *Monumenta Germaniae, Legum sectio* IIᵃ, *Capitularia* (éd. Boretius-Krause), t. II, p. 116 et s.

(2) c. 1 et 2 de Ravenne (877) =   I, 23, attribué au pape Damase.
  c. 3   —   = I, 211,   —   Honorius.
  c. 10   —   = XI, 49,   —   —
  c. 7   —   = XI, 39,   —   Hontyshien.

Je signale quelques divergences de texte, surtout dans la transcription faite par Burchard des c. 1 et 2 de Ravenne. Voir les canons de Ravenne dans Mansi, *Concilia*, t. XVII, col. 337 et s.

blée, dont deux sous de fausses inscriptions (1). Le concile
tenu à Coblence en 922 a fourni six canons au *Décret* (2).
Quant au concile d'Erfurt qui eut lieu en 932, en la présence
du roi de Germanie Henri Ier, Burchard en connut les actes,
comme il avait pu consulter ceux de Tribur et de Coblence; il
en tira les souscriptions des évêques, que, par une singulière
inadvertance, il annexa au canon 37 du concile d'Altheim
(XI, 227), et trois des cinq canons dont se compose la série des
décisions d'Erfurt (3). On trouve encore dans son œuvre un
canon qu'il donne comme étant d'Erfurt (4); mais nous n'a-
vons comme garantie de son origine que l'autorité de Burchard
qui, comme on aura l'occasion de le constater, est assez médiocre en pareille matière.

Je ne puis que rappeler ce qui a été dit plus haut à propos
des lettres des Papes; il est possible que Burchard ait tiré les
canons, par lui cités, des conciles d'Altheim et d'Erfurt, du
manuscrit 27246 de la Bibliothèque royale de Munich (autrefois conservé à Freising) ou d'un manuscrit analogue.

(1) M. Weiland (*Monumenta Germaniae, Constitutiones et Acta*, t. I, p. 628) a
énuméré les canons tirés par Burchard du concile d'Altheim. Je lui emprunte
ses identifications : Prologue = Burchard, XI, 68; c. 6, 7, 8, 9 = XI, 69,
70, 71, 72; c. 16 = I, 220; c. 23 = XII, 24; c. 24 = X, 65; c. 26 = XI,
78; c. 29 = I, 162; c. 30 = I, 52; c. 36 = I, 231; c. 37 = I, 227; c. 38 =
II, 234. Je crois en outre que XII, 9 de Burchard a été inspiré par le c. 23
d'Altheim; mais le texte a été profondément remanié. — Burchard a donné
à deux de ces canons des inscriptions fausses : au c. 23, l'inscription *ex
dictis Augustini* et au c. 24 l'inscription *ex concilio Tungrensi*. En général
il use de l'inscription *ex concilio apud Altheim habito cui interfuit Kunradus
rex*, avec l'indication du numéro de canon. Burchard a placé à tort sous
l'inscription d'Altheim (IX, 74) le c. 51 de Tribur.

(2) M. Weiland (*op. cit.*, p. 628) en cite cinq, à savoir : 1 = VII, 30; 6
= III, 240; 7 = VI, 49; 8 = III, 251; 10 = III, 74. Ce dernier a été muni
d'une fausse inscription : *ex decretis Sotheris papae*. Burchard donne ordi-
nairement à ces canons l'inscription *ex concilio apud Confluentiam cui
interfuit Henricus et Carolus reges*. A l'énumération de M. Weiland il faut
ajouter 3 = IV, 25; Burchard y a placé une fausse inscription : *Ex decr.
Leonis papae apud S. Medardum.*

(3) Canons 2, 3, 5; Burchard, XIII, 21, 28 et 29. Cf. *Constitutiones et
Acta*, t. I, p. 2 et s. — Burchard use de l'inscription : *Ex concilio apud
Eryhesfurt habito, praesente Henrico rege.*

(4) B., XI, 77.

Section IX. — **Textes tirés des « Capitula » d'évêques.**

L'époque carolingienne a vu paraître un assez grand nombre de *Capitula*, véritables statuts diocésains publiés par les évêques. Plusieurs ont joui d'une autorité qui dépassa de beaucoup les limites de leur diocèse d'origine; il en fut ainsi, par exemple, des *Capitula* de Théodulphe d'Orléans et d'Hincmar de Reims. Burchard a utilisé trois de ces séries de *Capitula* : ceux de Théodulphe (1), ceux de l'évêque Haiton de Bâle (2), et ceux de l'archevêque de Tours Hérard (3). Enfin on rencontre dans son œuvre, sous une fausse inscription qui le rattache au concile de Tribur, un texte provenant des *Capitula Frisingensia* que M. Seckel a fait connaître dans ses études sur les sources du livre Ier de Benoît le Diacre (4). En somme, j'ai relevé 37 chapitres de Burchard faits d'emprunts aux *Capitula*, à savoir :

CAPITULA DE THÉODULPHE D'ORLÉANS.

c.	1 = B.,	Ii,	55
	5 =	V,	29 (avec des additions de Burchard).
	1 et 2 =	II,.	100
	9 =	III,	151
	13 =	XIV,	10
	17 =	IV,	49
	18 =	III,	105
	23 =	II,	73
	26 =	XII,	14
	28 =	II,	58
	33 =	II,	74
	36 =	XIX,	1

(1) *Patrologia latina*, t. CV, col. 191-207. Burchard en a connu des fragments d'après le texte original. Des textes du *Capitulare alterum* de Théodulphe (*Ibid.*, col. 207-223), ont été connus de lui par l'intermédiaire de Réginon, qui d'ailleurs en a déguisé l'origine ; il ne cite pas plus Théodulphe qu'Hincmar. Cf. Seckel, *Neues Archiv*, t. XXVI, p. 51 et s.

(2) *Patrologia latina*, t. CV, col. 763 et s.; *Capitularia* (Boretius-Krause), t. I, p. 363-366.

(3) *Patrologia latina*, t. CXXI, col. 763-773.

(4) *Neues Archiv*, t. XXIX.

c. 37 = B., XIII, 1
    38 =   —   11
    39 =   —   12
    41 =   V,   19
    42 =   XIII, 13
    43 =   —   14
45-46 =   II,   54 (1)

CAPITULA DE HAITON DE BALE.

c. 1 = B., II, 57
   2 =   63
   3 =   79
   6 =   2
   8 =   77
  15 =   III, 135
  18 =   II, 80
  19 =   III, 198
  20 =   II, 106

CAPITULA DE HÉRARD DE TOURS.

c. 59 = B., XVIII, 16
  61 =   II,   77 (2)
  65 =   III, 129
  75 =   IV,   60 (3)
  89 =   IX,   7
112 =   IX,   4
130 =   IX,   3
139 =   XIX, 110

CAPITULA FRISINGENSIA.

Le c. 237 du livre II, auquel Burchard a donné la fausse inscription *ex concilio Triburiensi*, est en réalité le c. 6 des

(1) Avec des additions; cf. Koeniger, *Burchard I von Worms*, p. 169, note 3.

(2) Avec des additions; cf. Koeniger, *Burchard I von Worms*, p. 169, note 1. Cf. pour la fin du texte, Ben. Lev., I, 152.

(3) Avec des additions.

Capitula dits de Freisingen (1). Je ne sais par quelle voie il est parvenu jusqu'à Burchard.

Je dois ajouter que d'autres textes de *Capitula* d'évêques sont entrés dans le *Décret* de Burchard par l'intermédiaire de collections antérieures : notamment, c'est le recueil de Réginon qui lui a fourni divers textes des *Capitula* bien connus d'Hincmar de Reims.

Section X. — Textes tirés de la collection irlandaise.

Déjà Wasserschleben, quand il édita la collection souvent désignée sous le nom d'*Hibernensis*, l'avait indiquée comme l'une des sources du *Décret* de Burchard, et, à l'appui de cette opinion, avait signalé quelques coïncidences entre ces deux recueils(2). Après lui, M. Seckel a confirmé son opinion et signalé d'autres coïncidences(3). M. Diedrich estime à 53 le chiffre des chapitres que Burchard a tirés de l'*Hibernensis* (4). Sans les énumérer, il ajoute qu'ils se décomposent ainsi : 40 sont faits de fragments des Pères, 5 sont tirés des fragments de l'Écriture sainte, 8 sont empruntés aux canons des conciles. De mon côté, après avoir examiné les textes du *Décret*, je suis arrivé à constater que 50 ont dû passer de l'*Hibernensis* dans le *Décret*. A raison de l'intérêt qui s'attache actuellement aux études entreprises sur l'*Hibernensis*, je crois devoir en donner l'énumération :

B.,	I,	12 = *Hibernensis*,	XXXVII,	20, b.
		13	—	4, e.
		14	—	10, f.
		104	—	12.
		203	—	25, a.
		204	XXXVIII,	5, e.
		205	XXXIX,	12, b.

(1) E. Seckel, *Studien zu Benedictus Levita*, dans *Neues Archiv*, t. XXIX, p. 269.

(2) *Die irische Kanonensammlung*, Leipzig, 1885, p. XXIX.

(3) *Zu den Acten der Triburer Synode*, dans *Neues Archiv*, t. XX, p. 562.

(4) *Op. cit.*, p. 52. Je dois faire remarquer que le c. de Burchard, I, 190, signalé par M. Diedrich comme provenant de l'*Hibernensis*, est peut-être tiré de l'*Anselmo dedicata*, II, 265.

B.,	I, 206	= *Hibernensis,*	XXVIII, 13, f.
	207		XXXVII, 4, a.
	208		— 26.
	209		II, 17, b.
	II, 233		XL, 15, a.
	III, 90 }		
	91 }		XLIX, 8 et 9.
	92		— 19.
	93		XLIV, 20.
	128		XIX, unique.
	141		XXXII, 12, a, b, c.
	160		XVIII, 1, a et b.
	161		— 1, c.
	162		— 1, d.
	163 (1)		— 9 et 1, c.
	VI, 43		XXVII, 3, a et b.
	VIII, 68 (2)		XXXIX, 14.
	IX, 16		XLVI, 17.
	25		— 28, b.
	61		— 29.
	XII, 22		XXXV, 10.
	23		— 1, d.
	24		— 1, f.
	25		— 5, f, 1re partie.
	26		— 5, g.
	27		— 5, h.
	XIII, 22		XII, 8, b.
	23		— 8, c.
	24		— 9, a.
	25		— 9, b et c.
	26		— 15, b.
	XV, 14		XXXVII, 6.
	23		— 8.
	XVIII, 15		XLVII, 12.

(1) Avec une addition.

(2) Avec deux additions. — Wasserschleben (*Die irische Kanonensammlung,* p. 186, note 3) croit trouver dans l'inscription de ce chapitre de Burchard la preuve que l'évêque de Worms a puisé son texte dans le pénitentiel dit *Martenianum.* Je ne tiens pas l'argument pour péremptoire.

B.,	XIX,	77 = *Hibernensis*,	XV,	8, a.
		78	XI,	1, a.
		79		1, b.
		80		2.
		109	XXVIII,	12, a.
		112	XV,	12.
		113	XXXII,	21, b.
		114	XLVII,	7 (1).
	XX,	70	XV,	2, a et b.

La plupart de ces textes sont des fragments d'écrits de saint Augustin et d'autres Pères, très nombreux dans la collection irlandaise. On peut signaler aussi trois extraits bibliques (2); un extrait d'une lettre apocryphe d'Innocent I^{er}(3) et sept extraits des conciles (4).

Section XI. — Textes tirés des Pénitentiels.

Les textes d'origine pénitentielle tiennent une place considérable dans le *Décret* de Burchard. L'auteur en a sans doute emprunté un grand nombre aux sources déjà étudiées, en particulier au recueil de Réginon. Mais il en a tiré beaucoup des collections qui sont proprement des pénitentiels. J'ai relevé 111 fragments auxquels cette origine me semble devoir être attribuée (5).

Des recherches auxquelles je me suis livré, il résulte que Burchard a puisé ces textes dans les recueils suivants :

1° Le pénitentiel de Théodore, archevêque de Canterbury (6);

(1) Le c. 155 du livre XIX reproduit bien *Hibernensis*, XLVI, 11; mais je suis porté à croire que Burchard l'a emprunté à Réginon, I, 338.

(2) B., XIII, 25; XV, 22; XIX, 77.

(3) B., III, 122.

(4) B., I, 12; II, 233; VIII, 68; IX, 61; XII, 25; XII, 27; XIX, 155.

(5) Sans compter un certain nombre de canons qui seront indiqués ultérieurement et que Burchard a fabriqués sous l'influence de textes de pénitentiels divers. — M. Diedrich donne le chiffre de 166 (*op. cit.*, p. 48).

(6) Wasserschleben, *Die Bussordnungen der abendländischen Kirche*, p. 182 et s.; Schmitz, *Die Bussbücher und die Bussdisciplin der Kirche*, p. 524 et s.; Schmitz, *Die Bussbücher und das kanonische Bussverfahren*,

2° L'*Excarpsus Cummeani*(1) ;

3° L'*Excarpsus Bedae* (2) ;

4° L'*Excarpsus Egberti* (3) ;

5° Le pénitentiel conservé dans le manuscrit provenant de Saint-Hubert en Ardenne, et dit pour cela *Hubertense* (4) ;

6° Le pénitentiel de l'évêque Halitgaire de Cambrai (5) ;

7° Les écrits pénitentiels de Raban Maur, adressés, l'un à Otgaire de Mayence, l'autre à Héribald d'Auxerre (6).

Je m'efforcerai d'indiquer les emprunts faits à chacune de ces sources. Il importe de ne pas oublier que nombre des textes ainsi puisés dans les pénitentiels ont été ensuite remaniés par Burchard.

1° *Pénitentiel de Théodore.*

Je signalerai, parmi les textes empruntés à cette source :

Un	chapitre du livre	I de Burchard (7) ;
Huit	—	III (8) ;
Neuf	—	IV (9) ;
Un	—	VII (10) ;

p. 543 et s. Pour les indications qui suivent, je désignerai le premier ouvrage de Mgr Schmitz par Schmitz, t. I, et le second par Schmitz, t. II.

(1) Wasserschleben, p. 460 et s.; Schmitz, t. I, p. 611 et s.; t. II, p. 597 et s. Il ne faut pas confondre ce pénitentiel composite, d'époque assez basse, avec le recueil d'une composition bien plus pure, publié par M. Zettinger comme étant le pénitentiel original de Cummean dans l'*Archiv für katholisches Kirchenrecht*, t. LXXXII, an. 1902, p. 505 et s.

(2) Wasserschleben, p. 220 et s.; Schmitz, t. I, p. 556 et s.; t. II, p. 654 et s.

(3) Wasserschleben, p. 231 et s.; Schmitz, t. I, p. 573 et s.; t. II, p. 661 et s.

(4) Wasserschleben, p. 371 et s.; Schmitz, t. II, p. 333 et s.

(5) *Patrologie latine*, t. CV, col. 651 et s.; Schmitz, t. II, p. 266 et s. — Le livre VI est dans Schmitz, t. I, p. 471 et s.

(6) *Patrologie latine*, t. CXII, col. 1397 et s.; t. CX, col. 467 et s. — Ces deux pénitentiels figuraient au xi° siècle à la bibliothèque de Lobbes, où Olbert, collaborateur de Burchard, avait pu les étudier. Cf. H. Omont, *Catalogue des manuscrits de l'abbaye de Lobbes* (1849), dans *Revue des bibliothèques*, t. I (1891), p. 3 et s.

(7) 235.

(8) 13, 14, 24, 26, 27, 32, 38, 65.

(9) 24, 26, 27, 51, 58, 68, 74, 94, 95.

(10) 7.

Huit	chapitres du livre	VIII (1),
Quatre	—	IX (2);
Un	—	X (3);
Deux	—	XVIII (4);
Douze	—	XIX (5);

En tout, 46 chapitres (6).

Ces fragments sont tirés des deux livres qui constituent le pénitentiel de Théodore.

2° Excarpsus Cummeani.

Burchard en a extrait :

Un	chapitre du livre	IV (7);
Huit	—	V (8);
Un	—	X (9);
Un	—	XI (10);
Un	—	XIV (11);
Trois	—	XVII (12);
Treize	—	XIX (13);

Cela fait un total de vingt-huit emprunts (14).

Il est à remarquer qu'en plusieurs circonstances le texte de

(1) 9, 19, 25, 73, 84, 86, 87, 88 (Le c. 84 répond à certains manuscrits de Théodore). Cf. Wasserschleben, p. 208, notes 4 et 5.

(2) 3, 19, 59, 69.

(3) 58.

(4) 27 et 28.

(5) 63, 85, 86, 87, 89, 90, 91, 122, 140, 141, 142, 143. La série 85-91 pourrait aussi venir de l'*Excarpsus Cummeani*; certains indices m'amènent cependant à le rattacher au recueil de Théodore.

(6) M. Diedrich en compte 43 (*op. cit.*, p. 48).

(7) 47.

(8) 35, 36, 47, 48, 49, 50, 51, 52.

(9) 66.

(10) 59.

(11) 8.

(12) 55, 56, 60.

(13) 29 (sauf la fin), 84, 101, 102, 103, 104, 105, 115, 116, 117, 118, 156, 157. A cette liste il est possible d'ajouter 119 qui semble quelque peu inspiré par l'*Exc. Comm.*, VI, 16.

(14) M. Diedrich n'en compte que 17 (*op. cit.*, p. 49).

Burchard se rapproche des variantes du texte fourni par
le manuscrit de la Bibliothèque nationale, Latin, 1603 (1).

3° *Excarpsus Bedae* (2).

Proviennent, à mon avis, de ce pénitentiel quatre chapitres
du livre XIX, à savoir : c. 25, 88, 120 et 121 (3). En outre
la fin du c. 29 me paraît être tirée du c. 1 de l'*Excarpsus Bedae* (4).

4° *Excarpsus Egberti.*

On peut citer, comme extraits de l'*Excarpsus Egberti*, le c.
33 du livre X (5) et les c. 39, 40 et 41 du livre XVII (6). Au
livre XIX, le c. 9 tire son origine de textes du même recueil (7),
qui ont été longuement développés ; en outre le c. 106 est tiré
de l'*Excarpsus Egberti* (8).

Il faut ajouter que le c. 8 du livre XIX est extrait de la préface de ce recueil (9) ; Burchard y a introduit quelques interpolations importantes.

On se tromperait gravement si l'on pensait que l'influence
de l'*Excarpsus Egberti* sur le *Décret* ne se manifeste que par
l'emprunt de ces sept chapitres. Pour l'apprécier à sa juste

(1) Voir B., XIV, 8; qui se rapproche beaucoup de *Exc. Cumm.*, I, 6 et s.,
d'après le ms. de Paris; cf. Schmitz, t. II, p. 605. — Voir aussi B., XIX,
113 et le rapprocher de Schmitz, p. 643; de même XIX, 157; cf. Schmitz,
p. 616.

(2) J'ai lieu de croire que c'est bien à l'*Excarpsus Bedae*, comme d'ailleurs
à l'*Excarpsus Egberti*, que Burchard a puisé, et non à d'autres pénitentiels
faits de fragments semblables, tels le *Liber de remediis peccatorum* attribué
à Bède (Antoine Augustin, *Canones poenitentiales*, Venise, 1584, p. 107 et s.;
Wasserschleben, *op. cit.*, p. 247).

(3) *Exc. Bedae*, s. X ; VII, 1 et 2; IV, 10 et 11 ; V, 7.

(4) La première partie, comme on l'a dit plus haut, a été tirée de l'*Excarpsus Cummeani*.

(5) *Exc. Egb.*, VIII, 3 et 4.

(6) V; IX, 2 et s.; IX, 9 et s.

(7) IV, 15 et 16.

(8) XIII, 4-10.

(9) Wasserschleben, *Die Bussordnungen*, p. 231-233. Je crois que ce texte
provient de l'*Excarpsus Egberti* et non du pénitentiel dit de Pseudo-Bède.
La préface de celui-ci est analogue, mais omet une citation d'Ezechiel (Vae
pastoribus qui comedunt populi mei peccata, etc.) qui figure dans le texte
de l'*Excarpsus* et dans celui de Burchard.

valeur, il faut savoir que l'*Excarpsus Egberti* a fourni à Réginon la matière de nombreux canons pénitentiels qui ont passé
plus ou moins complètement du recueil de Réginon dans le
Décret de Burchard.

5° *Pénitentiel de Saint-Hubert.*

Ce pénitentiel, qui se rattache à la série des pén.tentiels
francs de l'époque carolingienne, a fourni au *Décret* de Burchard, à mon estimation, dix chapitres (1); deux au livre X,
les chapitres 39 et 49 (2), et huit au livre XIX, les chapitres
92-94, 135-139 (3).

Cette influence est d'autant plus digne d'être signalée que
le pénitentiel de Saint-Hubert est une œuvre très peu connue : on n'en a signalé qu'un seul manuscrit, celui qui était
conservé à l'abbaye ardennaise de Saint-Hubert et que Martène
a utilisé.

Il est à remarquer que le manuscrit de Saint-Hubert, d'où
Martène a tiré le pénitentiel dit *Hubertensis*, contient aussi
l'*Excarpsus Bedae* et l'*Excarpsus Egberti* (4). Il n'est pas impossible que ce soit ce manuscrit, ou un manuscrit analogue,
qui fut consulté par Burchard, ou plutôt par son collaborateur
Olbert de Gembloux, qui devait bien connaître les bibliothèques
des abbayes des diocèses de Liège et de Cambrai (5).

6° *Pénitentiel d'Halitgaire.*

Ce pénitentiel me paraît avoir fourni à Burchard les fragments suivants, tous insérés au livre XIX :

Le c. 31, tiré de la préface générale du pénitentiel (6);

(1) 11 d'après M. Diedrich (*op. cit.*, p. 49).
(2) C. 43 et 54.
(3) C. 58, 31, 39, 40, 41, 44, 47, 48.
(4) C'est de ce manuscrit que Martène a tiré tous ces textes. Voyez,
pour l'*Excarpsus Bedae*, le *Thesaurus anecdotorum*, t. VII, col. 37; pour
l'*Excarpsus Egberti*, t. VII, col. 40; pour le pénitentiel de Saint-Hubert,
Veterum scriptorum et monumentorum amplissima collectio, t. VII, p. 28 et s.
(5) On sait qu'il fut grand collectionneur de manuscrits. Cf. *Gesta abbatum Gemblacensium*, dans les *Monumenta Germaniae, Scriptores*, t. VIII,
p. 538.
(6) *Patrologia latina*, t. CV, col. 657.

Les c. 32 et 33, provenant de l'instruction sur la pénitence, d'ailleurs très répandue, qui figure en tête du livre VI (pénitentiel pseudo-romain) du recueil d'Halitgaire (1);

Le c. 144, introduction du livre IV d'Halitgaire (2);

En outre il a vraisemblablement fourni le c. 56 du livre XI (3).

7° Ecrits pénitentiels de Raban Maur (4).

Déjà le recueil de Réginon contient plus d'un chapitre de Raban que Burchard s'est approprié; mais en outre il a puisé directement aux écrits de Raban. Il est assez difficile de reconnaître ces emprunts, Burchard ayant systématiquement rayé le nom de Raban partout où il l'a trouvé. Toutefois je crois qu'on peut attribuer à Raban les textes suivants :

B.,   VI, 23   Raban à Otgaire (5),   c. 15.

(1) *Patrologia latina*, t. CV, col. 693–695. On trouvera aussi ce texte dans Schmitz, *Die Bussbücher*, t. I, p. 471; cf. t. II, p. 199. Du pénitentiel d'Halitgaire cette préface a passé dans beaucoup de pénitentiels. Les c. 153 et 154 du livre XIX figurent aussi dans cette préface; mais vraisemblablement Burchard les aura pris à Réginon, I, 299 et 300.

(2) *Patrologia latina*, t. V, col. 681. Est aussi en tête du livre III du pénitentiel adressé par Raban à Héribald, évêque d'Auxerre.

(3) C. 56 du livre VI d'après la numérotation de l'édition de Schmitz, t. II, p. 239; cf. t. I, p. 457 et Wasserschleben, p. 374. Ce texte appartient à une série de chapitres qui ne font pas partie à proprement parler du pénitentiel, mais le suivent dans les manuscrits, d'après l'observation de Wasserschleben (p. 372, note 3). Au surplus notre texte se retrouve dans le pénitentiel commé par Wasserschleben, pénitentiel de Pseudo-Bède, et, par Mgr Schmitz, pénitentiel de Bède-Egbert, c. XXXIX, § 4 : Wasserschleben, p. 275; Schmitz, t. II, p. 697. On le trouve avec des variantes dans le pénitentiel de Pseudo-Théodore (XVIII, 18; Wasserschleben, p. 592) où certainement Burchard ne l'a pas pris.

(4) Voir le pénitentiel de Raban adressé à Héribald d'Auxerre dans *Patrologia latina*, t. CX, col. 467 et s., et le pénitentiel adressé à Otgaire dans *Patrologia latina*, t. CXII, col. 1397 et s.

(5) Le même texte se retrouve aussi dans le pénitentiel adressé par Raban à Héribald (III, 2), mais moins complet. C'est le texte où Raban discute le droit de tuer à la guerre sur l'ordre des chefs; la question méritait d'être posée à l'époque de la bataille de Fontanet. Le pénitentiel adressé à Héribald ne contient pas l'important passage qui figure dans la lettre à Otgaire, et dans le *Décret* de Burchard, où Raban distingue entre les guerres, suivant qu'elles sont ordonnées par un prince légitime ou un tyran.

B.,	X, 19	Raban à Héribald,	II,	41.
	20	—		41.
	XIX, 43 (1)	—		10.
	57 et 58	—		12.
	74	—		10.
	81	—		10.
	82	—		10.
	150	—		10.
	151	—		10.

Ainsi nous sommes en mesure de classer parmi les sources
du *Décret* de Burchard le pénitentiel de Théodore, l'*Excarpsus*
qui porte le nom de Commean, l'*Excarpsus* de Bède, celui
d'Egbert, le pénitentiel de Saint-Hubert, celui d'Halitgaire et
les deux pénitentiels de Raban Maur. Est-il d'autres pénitentiels que, suivant l'exemple de certains érudits, nous devions
ajouter à cette énumération?

Dans l'édition qu'il a donnée d'une forme particulière du
questionnaire contenu au livre XIX du *Décret* (2), Wasserschleben a rattaché divers fragments de ce texte à des pénitentiels autres que ceux qui ont été cités plus haut, notamment
à celui de pseudo-Théodore, à celui de pseudo-Bède, et au
pénitentiel qu'il a publié sous le nom de Vallicellanum I^um (3)
et que Mgr Schmitz (4) a imprimé à son tour sous le nom de
Vallicellanum II^um (5). Je dois dire que ces mentions de Wasserschleben me paraissent en général démontrer seulement des
analogies, mais non un rapport de filiation entre le texte de
Burchard et les pénitentiels signalés (6). Tout au plus pour-

---

(1) Ce texte commence per un long passage tiré de la lettre de saint Grégoire à Secundinus insérée aux Fausses Décrétales (Hinschius, p. 737).

(2) *Die Bussordnungen*, p. 631-662. Cf. Schmitz, t. II, p. 402-467. On
sait que Mgr Schmitz estime que le *Corrector* est une œuvre indépendante
du *Décret*; je tiens cette opinion pour erronée et aurai l'occasion de revenir
sur la question.

(3) *Op. cit.*, p. 566 et s. Sur cette œuvre, je tiens à signaler la savante
dissertation de M. le professeur von Hörmann : *Ueber die Entstehungsverhält-
nisse des sogenannten Poenitentiale Pseudo-Theodori*, dans les *Mélanges Fitting*,
t. II, p. 1 et s.

(4) *Op. cit.*, p. 547.

(5) Schmitz, t. I, p. 350 et s.

(6) Cf. §§ 10, 41, 42, 35, 38, 115, 178 du *Corrector* publié par Was-

rait-on soupçonner que le texte de Burchard portant le n° 154 dans le questionnaire, tel qu'il a été édité par Wasserschleben, a subi, quant à la détermination du chiffre des années de la pénitence, l'influence d'un passage du faux Théodore (1); mais, à coup sûr, c'est là une influence très problématique (2). Je ne vois d'ailleurs aucune raison qui me porte à ranger le Vallicellanum et le recueil de pseudo-Bède parmi les sources de Burchard.

Je ne crois pas non plus devoir suivre Wasserschleben sur un autre terrain. Dans son édition de la collection canonique irlandaise (3), il a cru pouvoir affirmer que le pénitentiel dit *Martenianum*, parce que dom Martène l'a fait connaître, est une source du *Décret* de Burchard. L'argument qu'il invoque à l'appui de cette opinion se résume ainsi. On trouve dans le *Décret* (IX, 2) un texte qui y est attribué, à tort d'ailleurs, à saint Léon; or ce texte est inséré dans le *Martenianum*, où il est placé à la suite d'un texte authentique de saint Léon (4); donc l'erreur de Burchard ne s'explique que parce qu'il a pris ce fragment dans le *Martenianum* et lui a donné l'étiquette du chapitre qui l'y précédait.

Je ne tiens pas cet argument pour péremptoire. En effet, d'une part le texte qui, dans le pénitentiel de Martène, précède le nôtre, est bien de saint Léon; mais il ne porte dans ce re-

---

serschleben (*op. cit.*, p. 624 et s.). J'en dirai autant des renvois faits au Vallicellanum pour les §§ 16 et s. Je dois ajouter que Wasserschleben a eu tort de renvoyer, pour les §§ 121 et 122 de son texte, au pénitentiel de Saint-Hubert. Il eût mieux valu renvoyer aux c. 137 et 138 du livre XIX de Burchard d'après l'édition de Migne; ces textes, qui proviennent eux-mêmes du pénitentiel de Saint-Hubert, ont inspiré les questions des §§ 121 et 122.

(1) Ps. Th., I, 36. Ce texte inflige sept ans de pénitence. Cette sanction, adoptée par le *Corrector*, est plus grave que celle infligée par Réginon (II, 370) et par Burchard lui-même (XVII, 29), dans un passage qui provient de Réginon.

(2) Je ne crois pas qu'il faille tenir compte d'une analogie très lointaine qui existe entre le § 165 du questionnaire du livre XIX de Burchard (éd. Wasserschleben, p. 662) et Ps. Théod., XII, 16.

(3) *Die irische Kanonensammlung*, 2° éd., p. 185, note 3. Dans l'article qu'il a consacré à l'ouvrage de M. Diedrich, M. Koeniger mentionne cette opinion de Wasserschleben (*Historisches Jahrbuch*, t. XXX, ann. 1909, p. 314 et s.).

(4) Voir ce passage du *Martenianum* dans Wasserschleben, *op. cit.*, p. 290.

cueil aucune inscription. Ce n'est donc pas le pénitentiel de
Martène qui a pu faire connaître à Burchard le nom de saint
Léon. D'autre part, le texte se continue, dans le *Décret*, par un
prolongement qui n'existe pas dans le pénitentiel de Martène,
mais qui se rencontre, conçu presque en termes analogues,
dans Benoît le Diacre (III, 179) (1). A raison de cette circonstance, il me paraît très probable que Burchard a puisé ce
texte dans le recueil des Faux Capitulaires, et, pour le démarquer, suivant son habitude, l'a attribué à saint Léon.

Il est vrai qu'un fragment de Burchard sur la parenté au
degré prohibé, le c. 10 du livre VII, se retrouve aussi dans
le pénitentiel de Martène, au chapitre XXIX. Mais ce texte,
accommodation d'un passage des *Etymologiae* d'Isidore de Séville, était très répandu au IX° siècle (2). Il n'est nullement
nécessaire de penser que Burchard ait dû recourir, pour le connaître, au pénitentiel qui porte le nom de Martène (3).

Je crois donc devoir exclure de la liste des sources du *Dé-*
cret le *Martenianum*. Il ne convient pas non plus d'y introduire les *Capitula Theodori*, autre apocryphe attribué à Théodore que Petit a fait connaître au XVII° siècle (4). Il semble
en effet, que les *Capitula*, loin d'être une source du *Décret*,
procèdent de l'œuvre de Burchard (5).

En résumé j'estime que, pour le moment, il n'y a lieu
d'ajouter aucun recueil à la liste ci-dessus établie des péni-

(1) Ce prolongement, dans Benoît le Diacre, consiste en ces mots : « Et
paenitentia illi accipienda », et dans Burchard, en ces mots : « Et paenitentia
illius per scripturas recipienda ». Burchard a modifié et transformé la leçon
de Benoît.

(2) Voir ce qui sera dit de ce texte ci-dessous à propos des fragments
empruntés à des écrivains ecclésiastiques, p. 94.

(3) Ms. 133 des manuscrits Phillipps de Berlin, provenant de Trèves (ancien Phillipps, 1873); cf. V. Rose, *Die Handschriften-Verzeichnisse der K.
Bibliothek zu Berlin* (manuscrits latins), t. I, p. 296.

(4) Texte publié aux p. 15-41 de l'ouvrage de Petit, intitulé : *Theodori
archiepiscopi Cantuariensis Paenitentiale*, Paris, 1677, t. I.

(5) Voir le mémoire intitulé : *Les Capitula du Pseudo-Théodore et le Décret
de Burchard de Worms*, dans le *Florilegium Vogel*, Paris, 1909, p. 251 et
s. Au contraire M. Diedrich considère les *Capitula* comme une source du
Décret (op. cit., p. 17). Sur cette question, cf. E. Seckel, *Zu den Acten der
Triburer Synode*, au tome XX des *Neues Archiv der Gesellschaft für ältere
deutsche Geschichtskunde*, p. 296 et s., et surtout p. 328-331.

P. F.   4

tentiels qui ont fourni des textes à Burchard, si ce n'est peut-
être (et j'ai dit combien la chose me paraît douteuse) le recueil
de pseudo-Théodore(1).

Section XII. — **Textes tirés des recueils de droit romain.**

On trouve dans le *Décret* de Burchard un petit nombre de
textes de droit romain; mais, sauf deux, on peut être assuré
que tous proviennent ou de Réginon, ou de l'*Anselmo dedicata*,
ou des Faux Capitulaires de Benoît le Diacre(2).

Les deux qui font exception sont le c. 28 du livre VII et le

(1) C'est dire que je n'insérerai pas dans cette liste les *Canones Gregorii*,
non plus que le pénitentiel de Mersebourg, qu'y a ajoutés M. Diedrich (*op.
cit.*, p. 47).

(2) Je crois devoir donner ici des identifications qui reproduisent et complètent sur quelques points celles qu'a données M. Max Conrat (*Geschichte
der Quellen und Literatur des Römischen Rechts*, t. I, p. 264, notes 11 et a.).
Proviennent de Réginon :

B., III, 161; Julien, 7, c. 1	= Rég., 1,372 (Anseg, II, 29).
165; — 7, — 2	= 1,373 (— 30).
IX, 28; *Interpretat.*, *Sent. Pauli.*, II, 20, 4 =	II,129.
IX, 30; *Sent. Pauli.*, II, 20, 4	= II,128.
X, 28; *Interpretat.*, 1, *C. Th.*, IX, 13 =	II,360.
30 — 4, — — =	II,361.
31 — 5, — — =	II,362.
XVI, 37; *Interpretat.*, 2, *C. Th.*, IX, 4 =	II,141.

Le dernier texte se trouve aussi dans le *Recueil* de Benoît le Diacre, II,
161.

Proviennent de l'*Anselmo dedicata* :

B., I, 57; Julien, 115, c. 56 = *Ans. dedic.*, III, 244.
I, 184; — 115, c. 17 = — II, 361.
I, 242; — 115, c. 16 = — II, 299.
VIII, 65; — 115, c. 57 = — VI, 119.
IX, 18; 20, *C. Just.*, V, 4 = — VII, D. Rom., 7.
XII, 15; Julien, 71, c. 1 = — XII, D. Rom., 1.

Proviennent de Benoît le Diacre :

B., II, 207; Julien,	112, c. 18 = Ben. Lev., add. III, 31.
VIII, 20; —	115, c. 35 = — I, 389.
X, 22; abrégé des *Sent. Pauli.*, V, 23, 1 = —	III, 222.
(se rapproche de l'*Epitome Aegidii*).	
XIX, 60; *Sent. Pauli.*,	I, 21, 3 = — III, 243.

c. 168 du livre Ier (1). Quant au c. 28 du livre VII, c'est un extrait des *Sentences* de Paul (IV, 11), qui, de la *Lex Romana Visigothorum* a passé dans les *Etymologiae* d'Isidore de Séville (2). C'est là que Burchard l'a pris pour le faire entrer dans son *Décret* sous le nom d'Isidore. Le c. 168 du livre Ier appartient, non pas au droit Théodosien, mais au droit de Justinien; c'est un fragment des Novelles de Julien. Il paraît ne se trouver ni dans l'*Anselmo dedicata* ni dans Réginon. Toutefois il était connu des canonistes au temps de Burchard; car nous le rencontrons dans la collection canonique d'Abbon de Fleury (3).

On voit que Burchard, à la différence de l'auteur de l'*Anselmo dedicata*, son devancier et son modèle sur bien des points, n'a pas puisé directement aux sources romaines, et ne s'est servi qu'avec une réserve extrême des textes romains qu'il recueillait de seconde ou de troisième main et qu'il démarquait systématiquement.

Ce n'est pas à Burchard, c'est à Yves de Chartres qu'il était réservé de faire entrer dans les collections canoniques les textes romains, et surtout ceux des compilations de Justinien.

Section XIII. — Textes tirés des capitulaires authentiques ou apocryphes.

J'ai reconnu 89 textes que Burchard a empruntés aux capitulaires authentiques ou apocryphes. Peut-être ce chiffre est-il inférieur de quelques unités à la réalité; en effet il n'est pas toujours facile de discerner les textes des capitulaires que Burchard a parfois modifiés et qu'il a toujours démarqués.

Environ cinquante de ces textes (je suis d'accord sur ce

(1) Je ne compte pas ici comme texte de droit romain le c. 21 du livre VII, quoique un texte de l'*Interpretatio* (2, C. Th., IX, 4) de la *Lex Romana Visigothorum* en ait fourni des éléments.

(2) Cf. Max Conrat, *Arber Juris des früheren Mittelalters*, mémoire publié en appendice aux *Abhandlungen der Königl. Preuss. Akademie der Wissenschaften*, ann. 1909, p. 25.

(3) Ce texte est le c. 10 de la *Nov.* 115 de Julien; on y remarque quelques omissions. Le texte, plus complet, se trouve dans la *Collectio canonum* d'Abbon, abbé de Fleury (*Patrologia latina*, t. CXXXIX, col. 564). L'œuvre d'Abbon, mort en 1004, est antérieure de quelques années à celle de Burchard.

point avec M. Diedrich)(1) ont été empruntés au recueil apocryphe de Benoît le Diacre. Il y a lieu de croire que Burchard
a puisé un petit nombre de fragments dans le recueil d'Ansegise (2). Enfin on rencontre dans son *Décret* nombre de fragments de capitulaires, parfaitement authentiques, de la première et de la seconde moitié du ix° siècle, qui ne sont pas
extraits du recueil d'Ansegise. Parmi les capitulaires, qui
semblent avoir été ainsi exploités directement par Burchard,
je puis citer :

Le capitulaire de 789, qui a fourni B., XI, 42, portant la
fausse inscription, concile de Rouen (3);

Le capitulaire de 802, c. 20 (4), qui, complété par quelques
emprunts au c. 21 du concile de Tribur (texte dit de la Vulgate), a constitué le c. 188 du livre II du *Décret*;

Les *capitula ecclesiastica ad Salz data* (5), c. 6 et 7 (803-
804), qui ont été reproduits sous les n°° 99 et 100 du livre VIII;

Le *capitulare missorum* de Thionville, c. 17 (6), qui a
fourni B., III, 51;

Le c. 21 des *capitula e canonibus excerpta* de 813 (7), qui
combiné avec le c. 157 du livre I d'Ansegise, a formé le c. 30
du livre III de Burchard;

La *Relatio* présentée en 829 par les évêques à Louis le Dé-
bonnaire (8); ce document a fourni de nombreux textes à
Burchard, à savoir : I, 213 et 214(9), IV, 6 et 67 (10); VIII,
17, 33 et 37 (11);

(1) *Op. cit.*, p. 42.
(2) B., II, 138 = Anseg., I, 8; B., III, 15 = Anseg., I, 31; B., IV, 79 =
Anseg., I, 93, etc.
(3) Boretius-Krause, t. I, p. 54.
(4) *Ibid.*, p. 107.
(5) *Ibid.*, p. 119.
(6) *Ibid.*, p. 125.
(7) *Ibid.*, p. 175.
(8) Boretius-Krause, t. II, p. 27 et s. Les textes empruntés à cette *Relatio* ont été démarqués comme les textes des capitulaires.
(9) Le sommaire du c. 15 forme le c. 213 du livre I de Burchard; le texte
du même c. 15 forme le c. 214.
(10) *Relatio*, c. 36 et 49.
(11) *Relatio*, c. 50 : c. 47 et 48 réunis pour former le c. 33 du livre VIII
de Burchard; c. 51.

Le c. 9 du capitulaire donné à Soissons en 853, qui est devenu le c. 67 du livre XI de Burchard;

Enfin les c. 5 et 6 du livre VI de Burchard ont été faits au moyen de textes tirés du faux capitulaire de Thionville, que le dernier éditeur date des environs de l'année 900 (1). Burchard les présente comme provenant d'un concile de Thionville.

Il est permis de conclure de ces observations que Burchard avait à sa disposition de nombreux textes de capitulaires, outre les collections classiques d'Ansegise et de Benoît (2).

Section XIV. — Textes tirés de la Bible.

M. Diedrich a constaté que huit textes de la Bible seulement se trouvaient utilisés dans le *Décret* (3). Il fait remarquer que deux de ces textes y sont entrés par l'intermédiaire de Réginon, et que quatre y sont venus de l'*Hibernensis*, si bien que deux fragments seulement appartiendraient, d'après lui à la catégorie des textes qui ne proviennent ni de l'une ni de l'autre de ces collections. Ce sont, ajoute-t-il, les deux chapitres suivants : XI, 61 et IX, 9. A mon avis, le premier de ces textes a pu être extrait de la collection de Benoît le Diacre, II, 19. Ainsi seul le c. 9 du livre IX a quelque chance d'avoir été tiré directement des Livres Saints. Ceci revient à dire que Burchard n'a guère eu recours à la Bible pour compléter son recueil de textes canoniques.

Section XV. — Textes tirés des écrivains ecclésiastiques.

Ce sont les écrits de saint Grégoire le Grand qui ont fourni le plus grand nombre de citations à Burchard. J'ai mentionné plus haut, en traitant des passages tirés des lettres des Papes, les textes empruntés aux lettres du saint Pontife ; je n'y reviens pas. Il convient de signaler ici de nombreux extraits des *Moralia* sur Job et des *Dialogues* de saint Grégoire (4). J'ai relevé

(1) Boretius-Krause, t. II, p. 369.
(2) Ibid., t. I, p. 360.
(3) Op. cit., p. 51.
(4) Ils figuraient dans la bibliothèque de Lobbes Omont, n° 72 et s.

40 extraits des *Moralia*, qui figurent dans le livre XX et 31 extraits des *Dialogues*, dont 25 ont trouvé place dans ce même livre(1). Ainsi, sur les 110 fragments dont il est composé, le livre XX, d'un caractère surtout dogmatique, contient 65 chapitres tirés de ces deux ouvrages de saint Grégoire. Il convient d'ajouter que le texte de la lettre de saint Grégoire donnée au c. 19 du livre VII de Burchard provient, non de la collection de ses lettres, mais d'un écrivain ecclésiastique, Jean Diacre, qui l'a inséré dans la Vie du saint Pontife par lui composée (2).

Les écrits d'Isidore de Séville ont fourni à Burchard un nombre assez respectable de fragments(3). Le livre XX du *Décret* contient sept citations, toutes tirées des *Sententiae* ; on trouve encore un extrait du même ouvrage dans le livre XII (6), un dans le livre XIV (4), six dans le livre XV (5) et cinq dans le livre XVI (7), au total 20. Joignez y au livre III un extrait des *Etymologiae*, et un autre extrait au livre IV (8); en outre, au livre VII (c. 10) figure un fragment sur la parenté, donné sous le nom d'Isidore et contenant un passage extrait du même ouvrage, qui circulait déjà au IXe siècle, remanié et complété et qui fut encore retouché par Burchard (9). Enfin il

(1) Il y en a cinq dans le livre III (c. 153-156 et 205) et un dans le livre XVII (c. 57). Il convient d'ajouter que le c. 153 du livre II paraît inspiré par ce passage des *Dialogues*, IV, 50.

(2) *Vita Gregorii*, II, 57; cf. Koeniger, *op. cit.*, p. 158.

(3) Les *Sententiae* et les *Etymologiae* figuraient dans la bibliothèque de Lobbes : cf. Omont, nos 108 et s.; 120.

(4) XII, 19.

(5) XIV, 17.

(6) XV, 38-43.

(7) XVI, 25-29.

(8) III, 1; IV, 1 (ce dernier est fait de deux passages des *Etymologiae*, VI, 43 et 45).

(9) *Etymologiae*, IX, 6, 29. Dans son mémoire intitulé *Arber juris des früheren Mittelalters*, publié en 1909 en appendice aux *Abhandlungen der Königl. Preuss. Akademie der Wissenschaften*, phil. hist. Klasse, M. Max Conrat a montré la présence de ce fragment dans le *Poenitentiale Martenianum*, c. XXIX (Wasserschleben, *Die Bussordnungen der abendländischen Kirche*, p. 292), dans l'écrit de Jonas d'Orléans (mort en 843), *de institutione laicali*, II, 81; dans les actes du concile de Douzy de 874 (Labbe, t. IX, col. 261), enfin dans le manuscrit 83 de Wolfenbüttel, qui date du Xe siècle

faut signaler, au livre III, un extrait de la lettre d'Isidore *ad Landefredum* (1), et au livre XIX, un extrait de sa célèbre lettre *ad Massonem* (2); cela fait en tout vingt-cinq fragments d'Isidore qui ne viennent ni de Réginon, ni de l'*Anselmo dedicata*, ni de l'*Hibernensis*, ni d'une autre collection connue.

Burchard a mis à contribution l'ouvrage de Gennadius, *de dogmatibus ecclesiasticis*, qu'il ne manque pas d'attribuer à saint Augustin; cet ouvrage est représenté par quatorze fragments au livre XX (3), par trois au livre XIX (4) et par deux au livre IV (5), ce qui fait en tout dix-neuf fragments.

On rencontre dans le *Décret* un certain nombre de passages de saint Augustin, à savoir :

Un extrait de la lettre 36 de ce Père, *ad Casulanum* (6);

Un extrait de son sermon 392, c. 2 (7);

Un extrait de l'*Enchiridion de fide, spe et caritate*, n° 22 (8);

J'y ajoute un extrait d'un apocryphe de saint Augustin *de spiritu et anima*, c. 48, placé par Burchard sous l'inscription : *Augustinus in libro de Civitate Dei* (9).

Je dois signaler en outre deux fragments du *de Civitate Dei* (XX, 14 et 18) qui constituent les c. 109 et 110 du livre XX. Burchard ne les a sûrement pas extraits de l'ouvrage célèbre de l'évêque d'Hippone; ils viennent, directement ou indirectement, du *Prognosticon* de Julien de Tolède (10).

(Voir p. 23 de l'*Arbor juris*, et consulter cette étude pour l'histoire du texte d'Isidore). Je puis ajouter que le même texte a été inséré dans un manuscrit des IXe-Xe siècles, contenant l'*Historia ecclesiastica* de Bède et terminé par quelques fragments concernant le droit matrimonial : Ms. 133 des manuscrits Phillipps de Berlin, provenant de Trèves; cf. V. Rose, *Die Handschriften-Verzeichnisse der K. Bibliothek zu Berlin* (manuscrits latins), t. I, p. 296.

(1) B., III, 50 (Lettre 1; *Patrologia latina*, t. LXXXIII, col. 894).

(2) B., XIX, 73 (Lettre 4; *Ibid.*, col. 899 et s.).

(3) B., XX, 1-7, 41-43, 100-102.

(4) B., XIX, 66, 107 et 108.

(5) B., IV, 16 et 39.

(6) B., III, 128.

(7) B., IX, 45.

(8) B., XVIII, 19.

(9) B., XX, 10.

(10) C. 47 et 49; *Patrologia latina*, t. XCVI, col. 518 et s. Cette identification a été faite par M. Koeniger, *Burchard I von Worms*, p. 6, note. Le *Prognosticon* était au XIe siècle à la bibliothèque de Lobbes (Omont, n° 119).

Il convient de mentionner à cette place, à cause de leur importance, les emprunts faits aux trois ouvrages suivants : Raban Maur, *de magicis artibus*; Ratramn de Corbie, *de praedestinatione*, et les biographies des Pères du Désert connues sous le nom de *Vitae Patrum*. Les c. 41 à 47 du livre X de Burchard, soigneusement démarqués, ne sont autres que le traité *de magicis artibus* qui est l'œuvre de Raban Maur (1). Les c. 28 à 39 du livre XX eux aussi, démarqués, ont été extraits par Burchard, du livre II du traité de Ratramn, *de praedestinatione;* Burchard y a trouvé diverses citations de docteurs anciens, Fulgence, saint Ambroise, etc. (2). Enfin, quant aux *Vitae Patrum*, elles ont fourni les chapitres 48 du livre XVII, 52 à 55 du livre XIX, et 47 du livre XX; elles sont citées sous la rubrique *ex dictis Paphnutii, eremitae* ou sous une rubrique analogue; au c. 47 du livre XX seulement nous lisons : *ex dictis cujusdam in vita Patrum* (3).

Il me reste à signaler une série d'ouvrages dont chacun a fourni un unique chapitre à Burchard, à savoir :

1° Saint Cyprien, fragment de la lettre 61 (4);

2° Eusèbe, *historia Ecclesiastica*, traduction de Rufin (5);

3° Le début d'une ancienne traduction de la première homélie de saint Chrysostome *ad Theodorum lapsum*, qui d'ailleurs est assez souvent citée au Moyen âge (6);

4° Un fragment des *Collationes Patrum* de Cassien (Collatio XX, c. 8), texte faisant partie des *dicta abbatis Pinifii*. Burchard le présente sous le nom de saint Augustin (7);

(1) *Patrologia latina*, t. CX, col. 1097 et s.

(2) *Patrologia latina*, t. CXXI, col. 49 à 59, *passim*. Il est à remarquer que le traité de Ratramn, *de praedestinatione*, était conservé à la bibliothèque de Lobbes, où Burchard et Olbert avaient pu le connaître (Omont, n° 116).

(3) Cf. Omont, *Manuscrits de Lobbes*, n° 129.

(4) B., V, 18. Ce texte figure sous le n° 135 du livre IV de la *collectio Vaticana*. Ce livre a été publié par Richter : *de antiquae canonum collectione quae in Codd. Vat. 1347 et 1352 continetur* (Marbourg, 1843). Mais le texte de Burchard semble plus conforme à l'original que le texte de cette collection.

(5) B., XVIII, 15.

(6) B., XIX, 44; cf. V. Rose, *Die Handschriften-Verzeichnisse der K. Bibliothek zu Berlin* (Manuscrits latins), *Codices Electorales*, n° 774; t. II, part. II, c. 360.

(7) B., XIX, 39; cf. Omont n° 129. Raban a aussi inséré ce texte dans

5° Un extrait de l'*Historia Tripartita* de Cassiodore (XII, 8) qui est placé, sans numéro, après le c. 234 et dernier du livre Ier du *Décret* (1);

6° Un fragment tiré de l'homélie 19 de saint Césaire d'Arles sur la pénitence et présenté sous l'inscription *ex dictis Augustini* (2);

7° Le c. 40 du livre VI du *Décret* est fait de la lettre écrite vers 794 par Paulin d'Aquilée à Haistulpho. Elle est reproduite dans le *Décret* d'Yves de Chartres (VIII, 126) avec quelques différences de texte et attribuée par erreur à Etienne V (3).

8° L'abbé de Saint-Mihiel, Smaragde (*in Expositione Regulae S. Benedicti*, c. 69), a fourni le c. 46 du livre XI, déguisé sous une fausse attribution à saint Basile.

9° Burchard a emprunté un fragment au c. 28 de l'ouvrage de Walafrid Strabon, *de exordiis et incrementis rerum ecclesiasticarum*, pour en faire le c 133 de son livre III sur l'obligation de payer les dîmes. Il l'a d'ailleurs attribué à un concile de Mayence.

Nous sommes arrivés ainsi à identifier 155 chapitres (4) empruntés par Burchard à divers écrivains ecclésiastiques, sans préjudice des nombreux fragments analogues qu'il a tirés du recueil de Réginon (5), de la collection dite *Hibernensis* et, pour divers textes de saint Grégoire, de l'*Anselmo dedicata*. Au surplus on rencontre dans le *Décret* plusieurs fragments, provenant sans doute de la littérature patristique, que je n'ai pas mentionnés dans ce chapitre, parce que je n'en ai pas reconnu

son traité de *modis poenitentiae*, c. 23 (*Patrologia latina*, t. CXII, col. 1329). Mais j'incline à croire que Burchard ne l'a pas tiré de Raban.

(1) Ce texte est d'ailleurs une traduction de l'*Historia ecclesiastica* de Socrate, VII, 35; cf. Omont, n° 131.

(2) B., XVIII, 12; cf. *Patrologia latina*, t. LXVII, c. 1032. On sait que nombre de sermons de Césaire d'Arles ont circulé sous le nom de saint Augustin.

(3) Gratien a reproduit le texte d'Yves avec son attribution erronée (C. 33, Q. 2, c. 8).

(4) 156 si l'on y comprend le c. de Burchard, III, 153, inspiré par les *Dialogi*, IV, 30.

(5) Par exemple, saint Basile est représenté par divers fragments tirés de Réginon.

l'origine ou que je n'ai pu les identifier d'une manière certaine.

Ainsi qu'on a pu le constater, c'est surtout dans le livre XX que Burchard a réuni les fragments tirés des ouvrages des Pères et des écrivains ecclésiastiques. Comme on l'a dit, c'est aux œuvres de saint Grégoire le Grand qu'il s'est principalement adressé; il a en outre mis à contribution assez largement les œuvres d'Isidore de Séville et de Gennadius. Mais il n'a fait aucun dépouillement systématique des écrits des autres Pères, pas même de ceux de saint Augustin, dont l'autorité était si grande au Moyen âge; il a préféré s'en tenir aux fragments qui lui venaient d'autres collections, auxquels il a ajouté quelques textes isolés, extraits des ouvrages originaux ou rencontrés par hasard dans des recueils de seconde ou de troisième main. En somme Burchard n'a guère tiré meilleur parti des sources patristiques que de la Bible ou des recueils du droit romain.

CONCLUSION DE CE CHAPITRE

En résumé, des 922 chapitres qui ne proviennent ni du recueil de Réginon ni de l'*Anselmo dedicata*, j'ai cru pouvoir en attribuer 863 aux diverses sources qui viennent d'être énumérées, à savoir :

69 à la *Dionysio-Hadriana*;
173 aux Fausses Décrétales;
11 aux *Capitula Angilramni*;
13 à des lettres isolées des Papes;
1 aux conciles de l'antiquité;
35 aux conciles de l'époque mérovingienne;
91   —   —   carolingienne;
25   —   —   postcarolingienne;
50 à la collection irlandaise;
37 aux *Capitula* d'évêques;
111 à divers pénitentiels;
2 aux recueils de droit romain;
89 aux capitulaires authentiques ou apocryphes;
1 à la Bible;
135 à divers écrivains ecclésiastiques.

Restent 59 fragments dont il sera traité dans le chapitre suivant.

CHAPITRE III

LES TEXTES COMPOSÉS PAR BURCHARD
OU D'ORIGINE INCONNUE

Il convient maintenant de porter notre attention sur 59 fragments que nous n'avons pu classer dans les catégories étudiées dans les chapitres précédents.

De ces chapitres, je ferai deux parts. Il en est 17 qui, pour diverses raisons, me semblent avoir été composés par Burchard; j'en traiterai dans une première section. Parmi les autres, il en est peut-être aussi qui doivent leur composition à l'évêque de Worms; mais cette origine me semble pour le moment fort incertaine. Aussi je ne crois pas devoir les détacher de ce groupe de 42 fragments dont l'origine m'est inconnue.

Section I. — Textes vraisemblablement composés par Burchard.

Il est un certain nombre de textes que j'ai de bonnes raisons de croire composés par Burchard, soit parce qu'ils reproduisent, avec de graves modifications, un modèle pris dans les collections qui lui ont servi de sources, soit parce qu'ils se trouvent insérés dans une partie du *Décret* (XIX, 1-25) où sont particulièrement visibles les traces de l'action personnelle de l'évêque de Worms et de ses collaborateurs. J'estime devoir énumérer les fragments auxquels j'attribue cette origine.

Le c. 20 du livre VI du *Décret* me paraît avoir été inspiré par le c. 30 du livre II de Réginon, d'ailleurs extrait du recueil d'Ansegise (1). Voici les textes de ces deux fragments :

RÉGINON Ex Capitularium Lib. III, c. XVII.	BURCHARD Ex decr. Silvestri papae.
Qui hominem publicam poenitentiam agentem interfecerit, bannum nostrum in triplo componat et weregildum ejus proximis ejus persolvat.	Si quis hominem publicè poenitentem interfecerit, ut homicidium sponte commissum dupliciter poeniteat, et nisi in fine non communicet.

(1) Je suis enclin à croire que Burchard a trouvé ce texte dans le recueil

Le c. 38 du même livre de Burchard reproduit au début le
c. 74 du livre II de Réginon; c'est un *caput incertum*, attribué
à un concile de Mayence. Après avoir posé, avec le texte de
Réginon, le principe de la culpabilité égale du mari qui tue sa
femme, et de la femme qui tue son mari (ce n'était pas chose
inutile au IX⁰ et au X⁰ siècles), Burchard poursuit et donne
un long développement dont j'ignore l'origine.

Le c. 42 du livre VI de Burchard est composé de la même
manière. Il s'ouvre par un texte qui se trouve dans la collection de Réginon, II, 96; il s'agit du cas où plusieurs meurtriers ont mis un homme à mort. Burchard après avoir reproduit la décision qu'il trouvait dans l'œuvre de Réginon, et qui
est celle du c. 11 du concile de Mayence de 852, y ajoute un
développement important où il traite de la pénitence de ceux
qui ont été les auxiliaires des meurtriers, et où même il envi-
sage la situation de ceux qui ont été simplement présents au
meurtre.

Le c. 21 du livre VII est un texte que Burchard a sans
doute trouvé dans le recueil de Réginon (1); il est d'ailleurs
fabriqué sur le modèle de l'*Interpretatio* de la *Lex Romana
Visigothorum* (2). Burchard l'a complètement refondu, en s'ai-
dant d'une phrase du concile tenu en 948 à Ingelheim (3).

J'en viens maintenant à des textes du début du livre XIX
du *Décret*, sur l'administration de la pénitence, dont la rédaction a particulièrement attiré l'attention et les soins de Burchard.

L'un des textes les plus importants du *Décret* est le long
interrogatoire à l'usage des confesseurs qui constitue le c. 5
du livre XIX. Il faut savoir que, depuis le IX⁰ siècle, les auteurs de recueils pénitentiels composaient des interrogatoires
de ce genre; c'est ainsi qu'on en trouve un dans le pénitentiel
dit de Pseudo-Bède ou de Bède-Egbert (4). Réginon s'est servi

de Réginon, plutôt que dans celui d'Anségise; en effet dans ce livre VI il a
fait des emprunts très nombreux à Réginon.

(1) II, 143.
(2) Ad. l. 2, C. Th., IX, 4.
(3) *Monumenta Germaniae, Constitutiones et Acta*, t. I, p. 15; cf. Koeniger,
Die Sendgerichte in Deutschland, t. I, p. 132.
(4) Wasserschleben, *Die Bussordnungen*, p. 253 et s.; Schmitz, t. II,
p. 283 et s. Appartiennent à la même famille l'interrogatoire du troisième

de cet interrogatoire en le développant, pour rédiger celui qu'il
a inséré dans sa collection (1). En comparant attentivement
les textes, il m'a paru certain qu'à son tour Burchard a pris
pour base l'interrogatoire de Réginon; mais il lui a donné des
développements extrêmement considérables. Par la grande
variété des très nombreuses questions qui y sont posées, ce
document fournit les renseignements les plus intéressants sur
les idées morales qui régnaient au xiᵉ siècle, sur les habitudes
des hommes de ce temps, sur leurs vices et leurs superstitions;
en particulier l'interrogatoire de Burchard est la source peut-
être la plus riche qui s'offre à qui veut étudier les croyances
populaires du Moyen âge germanique (2). Il paraît bien que
ces développements si copieux, dont on n'aperçoit nulle part
l'origine, sont l'œuvre personnelle de Burchard et de ses collaborateurs. J'aurai l'occasion de montrer ultérieurement que
Burchard, lorsqu'il a fixé les sanctions pénitentielles qui, au
cours de ce très long chapitre 5, terminent, pour chaque pé-
ché, la question qui le concerne, s'est inspiré surtout des dispositions contenues dans les diverses parties du *Décret* et parfois aussi de celles qu'il trouvait dans le recueil de Réginon (3).
Quoi qu'il en soit, je crois pouvoir classer l'interrogatoire contenu dans le chapitre 5 parmi les parties du *Décret* dont la
paternité doit être imputée à Burchard; c'est même, à mon
avis, le fragment de beaucoup le plus important parmi ceux
dont il est l'auteur.

Si le c. 8 du livre XIX reproduit la préface de l'*Excarpsus
Egberti* avec quelques interpolations, à la manière de Burchard (4), qui ne dépassent pas la mesure de ses interpolations

pénitentiel d'Angers (Morie, *Commentarius historicus de disciplina in administratione sacramenti pœnitentiae*,1682, Anvers, appendice, p. 38) et celui du
manuscrit Barberini XIV, 93 (*Ibid.*, p. 23; et Schmitz, t. 1, p. 746).

(1) I, 364.

(2) Les textes de l'interrogatoire de Burchard sur les superstitions ont
fourni la matière d'une intéressante étude de M. Emile Friedberg, *Aus
deutschen Bussbüchern* (Halle, 1868). Ils ont été aussi utilisés par Grimm,
Deutsche Mythologie, t. III, 4ᵉ édit., p. 461 et s., et par M. A. Koeniger,
Burchard I von Worms, p. 225 et s.

(3) Voir l'appendice placé à la fin de cette étude.

(4) Les c. 6 et 7 reproduisent des passages de l'*Ordo Pœnitentiae* qui

ordinaires, le c. 9 est une paraphrase, avec modification, de l'*Excarpsus Egberti*, IV, 15 et 16. La comparaison des textes en fournira la preuve.

EXCARPSUS EGBERTI.

BURCHARD.
Ex Poenitentiali Romano.

§ 15.

Ut poenitentia semper isto ordine servanda sit ab uno anno, et deinceps de quali- cumque peccato, id est in una ebdomada III dies sine vino et medone et sine carne, et jejunet usque ad vesperum, et manducet de sicco cibo, et jejunet tres dies et tres qua- dragesimas semper de sicco cibo, et tres dies usque ad vesperum jejunet.

§ 16.

Et in diebus dominicis et in Natale Domini quattuor dies, et Epiphania et Pascha usque in Albis, et Ascensionem Do- mini et Pentecosten, et festas sanctae Mariae et sancti Jo- hannis Baptistae et XII apos- tolorum, et sancti martyri et illius sancti festivitate qui in illa provincia est, in his pre- dictis diebus faciat caritatem sicut sui compares.

§ 17.

Clerici vel laici ebrietatem et ventris distentionem in omnibus caveant.

Poenitentia unius anni, qui in pane et aqua jejunandus est, talis esse debet : *In una- quaque hebdomada tres dies*, id est tertiam feriam, quin- tam, et sabbatum à *vino, me- done*, mellita cervisia, *à carne*, et sagimine et à caseo et ovis et ab omni pingui pisce se abstineat. Manducet autem minutos pisciculos si habere potest. Si habere non potest, tantum unius generis piscem, et legumina, et olera, et po- ma, si vult, comedat, et cer- visiam bibat. *Et in diebus do- minicis, et in Natali Domini, illos quatuor dies; et in Epi- phania Domini, unum diem; et in Pascha usque in octavum diem; et in Ascensione Domini, et in Pentecoste quatuor dies; et in missa sancti Johannis Baptistae et sanctae Mariae, et XII apostolorum*, et sancti Mi- chaelis et sancti Remigii et omnium sanctorum et sancti Martini et in *illius sancti fes- tivitate qui in illo episcopatu celebris habetur; in his supra- dictis diebus faciat charitatem cum caeteris christianis*, id est, utatur eodem cibo et potu

figure au livre I⁰ʳ de Réginon, p. 146 et s. de l'édition de Wasserschleben, avec quelques abréviations à la fin. Ils ne peuvent être considérés comme une œuvre personnelle de Burchard, pas plus que le c. 8.

quo illi; sed tamen *ebrietatem
et ventris distensionem semper
in omnibus caveat.*

Le c. 452 du livre II de Réginon (1) me paraît avoir fourni
la matière première d'un développement que Burchard présente dans les chapitres 11, 12 et 13 de son *Corrector*. Je crois
utile de rapprocher ces textes :

RÉGINON.	BURCHARD.
II, 452.	**C. 11. *Ex Poenitentiali Romano.***
Qui itaque hoc quod in poenitentiali scriptum est, implere potuerit, aget Deo gratias; qui autem non po-luerit, consilium damus per misericordiam Dei.	Qui jejunare potest *et im-plere quod in Poenitentiali scriptum est*, bonum est, *et Deo gratias referat. Qui au-tem non potest, per miseri-cordiam Dei consilium damus tale*, ut nec sibi nec alicui necesse sit, nec desperare nec perire.
	C. 12. *Ex eodem.*
Imprimitus, pro uno die in pane et aqua, L psalmos cantet genu flexo, aut stando in uno loco LXX decantet, aut I denarium det, aut tres pauperes pascat.	*Pro uno die quem in pane et aqua jejunare debet, L psal-mos genibus flexis* in Eccle-sia, si fieri potest, *decantet*, sin autem, in loco convenienti eadem faciat, et *unum pau-perem pascat*, et eo die, ex-cepto vino, carne et sagimine, sumat quidquid velit.
	C. 13. *Alio modo. Ex eodem.*
	Si autem talis est, quod tamdiu in genibus jacere non possit, faciat autem sic : infra ecclesiam *si fieri potest*, sin autem, *in uno loco stando intente, LXX psalmos per ordi-nem decantet et pauperem pascat*, et eo die, excepto vino, carne et sagimine, sumat quidquid velit.

(1) Inspiré vraisemblablement par l'*Excerpsus Egberti*, XIII, 11, qui se

Je ne trouve aucun texte auquel puisse être rattaché directement le c. 14 du *Corrector*, qui pourrait bien être une composition de Burchard.

Il est possible de constater un rapport de filiation entre les c. 451 et 452 du livre II de Réginon et les c. 15, 16 et 17 du livre XIX du *Décret*. En voici la preuve :

RÉGINON.
II, 451.

De pretio unius diei.

Pretium autem unius diei, id est agapen duorum vel trium pauperum, sive I denarium; alii totum psalterium in aestate, in bieme vero et in verno L psalmos. Quidam judicaverunt XII plagas vel percussiones.

II, 452.

Quidam dicunt L percussiones vel L psalmos pro uno die.

BURCHARD.

C. 15. Qui psalmos non novit, unum diem quem in pane et aqua paenitere debet, dives tribus denariis *et pauper uno denario* redimet...

C. 16. Pro uno die, quem in pane et aquae paenitere debet, *tres pauperes pascat...*

C. 17. *Quidam dicunt* XX palmatas valere *pro uno die.*

Je puis encore signaler le c. 18 du *Corrector*, inspiré de loin par un texte de l'*Excarpsus* de Comméen :

Excarpsus Cummeani.

C. 1 (*in fine*). Pro ebdomada una CCC psalmos per ordinem flectendo genua psallat, aut quod si flectere genua non potest, cantet CCCCXX psalmos et hoc infrà ecclesiam vel in secreto loco impleat. Ipse autem pœnitens postea per omnes dies reficiat ad sextam, à carne autem et vino abstineat.

BURCHARD.

Pro una hebdomada, quam in pane et aqua jejunare debet, *CCC psalmos genibus flexis in ecclesia decantet.* Si autem hoc facere non potest, tria psalteria (c'est-à-dire 450 psaumes) *in ecclesia, vel in loco convenienti* intente decantet. Et postquam psallerit *excepto vino, carne* et sagimine, sumat quidquid velit.

Le c. 21 et le c. 24 du *Corrector* me semblent inspirés par

retrouve d'ailleurs dans le Pseudo-Bède ou pénitentiel de Bède-Egbert, c. XLIV et dans le *Liber de remediis peccatorum*, c. XIV.

le texte de Réginon, II, 454, *Ex dictis sancti Bonifacii episcopi*, au moins pour quelques-unes des idées qui y sont développées; d'ailleurs ce texte de Réginon procède lui-même, du chapitre XVI de l'*Excarpsus Egberti* (1).

Ainsi, il me paraît très probable que sur les 24 chapitres du livre XIX de Burchard où je n'ai point retrouvé la reproduction d'un texte connu, il y en a treize, les c. 5, 9, 10, 11, 12, 13, 14, 15, 16, 17, 18, 21, 24 qui peuvent être considérés comme l'œuvre de l'évêque de Worms. Ce n'est pas que Burchard les ait complètement tirés de son cerveau; il s'est souvent inspiré d'idées contenues dans des textes plus anciens, notamment dans ceux que Réginon (2) lui fournissait et qui, pour la plupart, avaient été extraits par Réginon de l'*Excarpsus Egberti*. Mais en ce cas Burchard a si complètement transformé ces éléments qu'il en a fait pour ainsi dire des textes nouveaux. On comprend que je n'aie pas cru devoir les rattacher à une œuvre préexistante et que, sous les réserves indiquées ci-dessus, je les présente comme des textes composés par Burchard. Il importe de remarquer que ces textes se trouvent en tête du livre où sont principalement traitées les matières pénitentielles; c'est là surtout que Burchard s'est dégagé des précédents pour faire œuvre personnelle. Il ne faut pas s'en étonner; Burchard a, dans sa préface, averti le lecteur de l'importance qu'il attache aux règles qui concernent l'administration de la pénitence. Ces règles, il les a refaites en certaines parties avant de les présenter au complet.

J'ai ainsi signalé dix-sept chapitres (3) où l'intervention de Burchard semble se manifester à tel point que ces chapitres

(1) Il n'est pas inutile de faire aussi remarquer que le c. 25 procède de l'*Excarpsus Bedæ*, c. 10. Quant aux c. 19 et 20, 22 et 23 de Burchard, ils reproduisent avec des modifications les c. de Réginon, II, 447, 449, 448 et 453. Les deux premiers paraissent avoir été tirés par Réginon de l'*Excarpsus Egberti*, XVII, 11; le c. 453 se trouve aussi dans le pénitentiel de Pseudo-Bède (ou, comme l'appelle Mgr Schmitz, de Bède-Egbert), c. XLV.

(2) Comme on l'a vu, le c. 9 est inspiré par un texte de l'*Excarpsus Egberti*; le c. 18, par un texte de l'*Excarpsus Cummeani*.

(3) On pourrait sans aucun doute en signaler d'autres; d'ailleurs c'est une question assez délicate, et susceptible de décision arbitraire, que celle de savoir si un texte doit être considéré comme simplement remanié ou comme transformé. On sait que les textes remaniés par Burchard sont innombrables.

P. F.

deviennent une œuvre qui lui appartient en propre. Peut-être aurais-je dû introduire dans cette énumération d'autres chapitres; on comprend d'ailleurs que, parmi tant de textes remaniés qui figurent dans le *Décret*, il ne soit pas facile de faire le départ de ceux qui ont été transformés en une œuvre nouvelle et de ceux qui peuvent être considérés comme une simple modification du texte ancien.

Section II. — Textes inconnus ou douteux.

Si, des 59 fragments non identifiés, on défalque les 17 qui viennent d'être classés comme l'œuvre probable de Burchard ou de ses collaborateurs, on demeure en présence de 42 chapitres d'origine inconnue ou douteuse. En voici la liste (1) :

Livres   I, c. 232, 233 (2).
            II, c. 76, 129.
          III, c. 11, 12, 22, 73, 201, 222.
          IV, c. 96.
          V, c. 18, 53.
        VII, c. 16.
       VIII, c. 3, 24, 31, 96.
          IX, c. 44.
          XI, c. 41, 62, 74.
         XII, c. 13, 28.
         XV, c. 30.
        XVI, c. 1, 12, 23.
       XVII, c. 34, 38.
      XVIII, c. 11.
        XIX, c. 45, 46, 47, 48, 60, 61, 76, 113, 119, 148.
        XX, c. 21.

Je ne me sens pas en état d'indiquer d'une manière précise l'origine de ces textes; mais plusieurs d'entre eux donnent lieu à des observations qui ne me paraissent pas dépourvues d'intérêt.

(1) J'ose espérer que des recherches ultérieures ou des indications bienveillantes diminueront le nombre de ces textes plus ou moins énigmatiques.
(2) Il ne s'agit que du fragment qui porte le n° 233 et non du fragment sans numéro qui le suit dans le texte imprimé du *Décret*.

1° Il est un certain nombre de ces chapitres qui se rapprochent par des analogies assez frappantes de textes connus.

B., II, 76, présente des analogies avec c. Agde, 21 ; c. Orléans, IX, 21 ; c. Epaone, 75 ; *Excerptiones Egberti*, 28.

B., II, 188, attribué faussement à un concile de Reims, peut être considéré comme une amplification du c. 20 d'un capitulaire de 802 (1).

B., V, 18. Ce chapitre contient une série de fragments tirés des Pères sur l'Eucharistie. Je le retrouve à la fin du livre II de la collection en II livres contenus dans le Vat. Regin., 407, manuscrit du x⁰ siècle. Ce n'est donc pas un texte composé par Burchard.

B., VIII, 3, concernant la collation illégitime de la tonsure, présente des analogies avec le c. 23 du concile de Mayence de 813, avec divers textes des capitulaires (2), et avec un texte de Benoît le Diacre (3).

B., VIII, 24, semble inspiré par le c. 4 du concile de Chalcédoine.

B., IX, 44 : Texte fréquemment cité à propos du droit matrimonial ; il n'est pas l'œuvre de saint Grégoire et semble conforme à une décision prise en termes beaucoup plus brefs, par le pape Grégoire II (4). Ce fragment circulait déjà au x⁰ siècle (5).

B., XI, 74. Canon, probablement apocryphe, présenté comme un canon de Tribur par Burchard : ne se rencontre, à ma connaissance, dans aucune collection antérieure.

B., XVI, 23. Ce texte, faussement attribué à saint Augustin, est un fragment que je retrouve, avec la même attribution dans une collection en deux livres, encore inédite, datant du ix⁰ siècle ; Cf. Bibl. Nat., nouv. acquis., 452 ; ms. du ix⁰ siècle, et Vatic. Reg., 407, ms. du x⁰ siècle. Dans le premier manuscrit on trouvera notre texte en tête du livre II, au fol. 91. Le

---

(1) *Capitularia* (Boretius-Krause), t. I, p. 107. Ce texte a été reproduit par le c. 15 des *Excerptiones Egberti*, dont il sera question ci-dessous.

(2) *Ibid.*, t. I, p. 278, c. 20 ; p. 285, c. 21.

(3) Addit. III, c. 121.

(4) *Regesta Pontificum Romanorum*, n° 1934 ; Jaffé, *Monumenta Moguntina*, p. 89.

(5) Voir ci-dessus, p. 28.

même texte a été accueilli par Anselme de Lucques (III, 74 de l'édition Thaner de la collection d'Anselme).

B., XVII, 34. Texte pénitentiel, peut-être inspiré par Réginon, II, 255, mais très gravement modifié.

B., XVIII, 11. Ce texte, attribué au pape saint Eusèbe, n'est pas de lui. On trouve des décisions analogues dans le c. 76 du IVᵉ concile de Carthage et dans Benoît le Diacre, I, 140.

B., XIX, 148, texte qui porte l'inscription erronée : *Ex. concil. Mogunt.*, *cap. 21.* Est analogue, mais non identique, aux canons 15 d'Arles (813) et 45 de Tours (813). On peut aussi en rapprocher le c. 90 du livre III d'Ansegise, qui a passé dans le recueil de Réginon, III, 436.

Est-ce Burchard qui a composé quelques-uns de ces textes, en s'inspirant des textes analogues qui ont été indiqués ci-dessus? Il n'est pas absurde de le supposer, au moins pour les textes qui ne paraissent pas antérieurs au XIᵉ siècle; mais je n'ai point de raison décisive de l'affirmer.

2° Il est quelques-uns des textes cités comme inconnus ou douteux qui se retrouvent dans une collection canonique dite les *Excerptiones Egberti* et plusieurs fois imprimée (1). Il ne faut pas d'ailleurs que ce titre trompe le lecteur; la collection précitée ne se rattache en rien par son origine au célèbre archevêque d'York, Egbert, qui mourut en 766. En effet, les canons 1 à 21 de ce recueil ne sont autre chose que les *capitula à sacerdotibus proposita* approuvés par Charlemagne en 802 (2). Parmi les autres canons de provenance variée qui constituent cette collection (elle comprend 145 ou 163 chapitres suivant les éditions), on reconnaît des textes qui figurent dans le recueil d'Ansegise, dans le pénitentiel de Théodore, dans la collection irlandaise, dans l'*Herovalliana* et dans le livre IV

---

(1) Cf. Labbe-Coeeart, *Concilia*, t. VI, col. 1586 et s.; Mansi, *Concilia*, t. XII, col. 414 et s.; *Patrologia Latina*, t. LXXXIX, col. 379 et s.; *Ancient Laws and Institutes of England*, p. 326 et s.

(2) L'ordre des premiers *capitula*, de 1 à 3, est modifié; le c. 17 est omis : il y a une certaine analogie entre cette recension des *capitula* de 802 et l'édition qu'en ont donnée Martène et Durand, *Amplissima collectio*, t. VII, c. 26. — J'ai retrouvé la série de ces 21 canons, isolée au fol. 121 vᵒ du manuscrit de la Bibliothèque Nationale de Paris, latin, 2116, qui contient la collection désignée sous le nom de collection en 400 chapitres et signalée par Maassen (*Geschichte der Quellen des canonischen Rechts*).

de la collection en quatre livres du Vatican (1), c'est-à-dire dans des recueils qui circulaient à l'époque carolingienne. C'est donc une œuvre inspirée sans doute par ces recueils, qui date au plus tôt du ix° siècle; peut-être appartient-elle à une époque postérieure (2). A raison de cette incertitude, j'hésite à la ranger parmi les sources du *Décret* de Burchard; au surplus les quelques textes qu'on pourrait soupçonner l'évêque de Worms de lui avoir empruntés étaient assez répandus, puisqu'ils figurent dans d'autres recueils où Burchard a pu les rencontrer.

Voici l'indication de ces textes :

B., III, 11 } = *Exc. Egb.*, 139.
   12 }

Ces deux textes que Burchard attribue faussement au pape Hygin et que l'auteur des *Excerptiones* présente, aussi à tort, comme l'œuvre du pape Vigile, figurent déjà dans une des collections conservées par un manuscrit de Salzbourg, du x°-xi° siècles (3); en outre ils constituent le c. 50 du livre III de la collection du Vatic. 1349 (4); ils paraissent donc antérieurs au *Décret*.

(1) C'est ce livre IV qui a été publié par Richter, en 1843, pour l'inauguration du nouveau recteur de l'Université de Marbourg, sous le titre : *de antiqua canonum collectione quae in Codd. Vat. 1347 et 1353 continetur* (Marbourg, 1843).

(2) Il est des auteurs qui en font une œuvre du xi° siècle. Cf. Binterim, *Die vorzüglichsten Denkwürdigkeiten der christ. kathol. Kirche*, t. V, 3° partie, 1829, p. 410 et s.; von Scherer, *Handbuch des Kirchenrechtes*, t. I, p. 213, note 25, qui place la composition des *Excerptiones* vers 1140. Certains manuscrits attribuent les *Excerptiones* à un diacre nommé Hucarius. V. aussi sur cette collection, Ballerini, *De antiquis collectionibus et collectoribus canonum*, Pars IV, c. VI, § 4.

(3) En appendice à la VI° série de canons contenus dans ce manuscrit qui est le *Codex. S. Petri Salisburgensis*, IX, 32, décrit par Philipps dans les *Sitzungsberichte* de l'Académie Impériale de Vienne, classe de philos. et d'hist., t. XLIV, p. 437 et s. Le manuscrit est de la fin du x° siècle ou du début du xi°.

(4) J'espère examiner bientôt la question délicate de la date de la collection du Vatic. 1349, que M. Gaudenzi, se séparant de ses prédécesseurs, semble attribuer au xi° siècle. Voir son intéressante étude : *Lo svolgimento parallelo del Diritto Longobardo e del Diritto Romano a Ravenna*, au tome I des *Mémoires* de l'Académie royale des Sciences de l'Institut de Bologne, Sciences morales, Section juridique, p. 26.

B., VIII, 96 = *Exc. Egb.*, 63.

Ce texte est attribué à tort par Burchard au concile de Tribur; les *Excerptiones* lui donnent une attribution non moins erronée à un concile d'Orléans. C'est un fragment qui a peut-être été inspiré par le c. 64 de la Règle de saint Benoît; en tout cas il circulait de bonne heure, bien avant l'époque de Burchard; on le trouve sous le n° 207 dans le livre IV, publié par Richter, de la collection *Vaticana* en quatre livres.

3° Qu'il me soit permis d'ajouter ici quelques observations sur plusieurs des textes précités dont l'identité ou l'origine n'a point été établie.

Le c. 232 du livre I est donné comme une profession de foi de saint Cyrille d'Alexandrie. Déjà Berardi faisait remarquer que cette formule ne pouvait être pour le tout l'œuvre de saint Cyrille (1). Il convient d'ajouter qu'elle suit de très près la profession de foi du concile de Chalcédoine (2).

Le c. 233 du livre Ier se présente comme un texte anonyme; mais il est bien connu. Il était en circulation, dès le xe siècle; on le rencontre déjà dans la collection canonique contenue dans le manuscrit de la Vallicellane T, XVIII (fol. 143) qui appartient à ce siècle (3); il y est d'ailleurs accompagné du fragment de l'*Historia tripartita* de Cassiodore formant le chapitre non numéroté qui le suit immédiatement à la fin du livre Ier du *Décret*.

Le c. 222 du livre III est un texte anonyme, qui était répandu à l'époque de Burchard; il indique l'ordre d'après lequel les livres de la Bible sont lus à l'office de la nuit (4).

Burchard a aussi inséré deux fragments dont l'attribution à saint Augustin est erronée (II, 129 et XV, 30) (5). En outre le c. 21 du livre XX est aussi attribué à tort à saint Au-

(1) Berardi, *Gratiani canones genuini*, t. IV, p. 450.
(2) Hinschius, *Decretales pseudoisidorianae*, p. 284.
(3) De la collection de ms. T, XVIII, ce texte a passé dans d'autres collections. Une portion du texte se retrouve dans Gratien, D. 50, c. 13 (Cf. Berardi, *loc. cit.*).
(4) Cf. Koeniger, *Burchard I von Worms*, p. 32, note 4.
(5) Cela est évident pour le premier. Quant au second, déjà dom Gellé écrivait dans ses notes sur le *Décret* d'Yves de Chartres, où il le rencontrait (XVI, 31): *Non est Augustini.* Voir le texte du *Décret*, annoté par Dom Gellé, Bibl. Nat., Latin, 12315.

gustin. C'est, d'après dom Cellé (1), un texte, rédigé au plus tôt
au IXᵉ siècle, qui contient sur la prédestination une doctrine
exposée d'ailleurs avec plus de précision par saint Augustin (2) et saint Fulgence (3). Quoi qu'il en soit, je ne pouvais
que classer ce texte parmi ceux que je n'ai pas réussi à
identifier.

Enfin, le c. 61 du livre XIX, placé à la suite d'un fragment
incertain (c. 60) qui porte le nom de saint Augustin, est lui-
même attribué à saint Grégoire. Or il est classé comme douteux par les *Regesta Pontificum Romanorum* (4); dom Cellé
(sur le *Décret* d'Yves, XV, 75) disait de ce texte : *ad mentem
Gregorii confictus.*

CONCLUSION GÉNÉRALE DE CETTE ÉTUDE

Il résulte des recherches dont on a exposé ci-dessus les
résultats que Burchard a emprunté à peu près la moitié de son
œuvre à la collection de Réginon et à l'*Anselmo dedicata* (863
chapitres sur 1785). Pour le surplus, il s'est adressé principalement à trois collections canoniques bien connues : la *Dionysio-Hadriana*, la collection du faux Isidore et la collection
irlandaise; il a fait usage des conciles francs et des conciles
tenus en Germanie après l'époque franque, aussi bien que de
quelques *Capitula* d'évêques de l'époque carolingienne; il a eu
recours à divers pénitentiels et a puisé assez largement dans
les capitulaires authentiques ou apocryphes. Il n'a point dépouillé méthodiquement les écrits des Pères, si ce n'est les
Moralia et les *Dialogi* de saint Grégoire, l'écrit de Gennadius
de dogmatibus ecclesiasticis et peut-être quelques écrits d'Isidore de Séville. Si l'on excepte ces ouvrages, on ne rencontre
dans le *Décret* que des citations isolées, dues au hasard des
lectures des auteurs. La Bible, les recueils de droit romain,
les écrits de Pères dont l'influence était prépondérante au
Moyen âge, par exemple de saint Augustin, ont été systémati-

(1) *Ibid.*; sur le c. 32 du livre XVII du *Décret* d'Yves.
(2) L. III *de libero arbitrio*, c. 10, 11, 12.
(3) *De praedestinationis veritate*, l. III, c. 9 et 13; l. II, c. 10, 11 et 12.
(4) Nᵒ 1965.

quement négligés. Il ne faut donc point voir dans le *Décret* un recueil encyclopédique, contenant tous les textes de la littérature ecclésiastique et juridique qui pouvaient offrir quelque intérêt au canoniste. Après Burchard, il restora beaucoup à faire aux compilateurs de textes canoniques.

Au surplus Burchard ne s'est pas contenté de recueillir des textes. J'ai montré dans la dernière partie de ce travail qu'à mon avis il en a composé un certain nombre; c'est surtout au sujet des règles relatives à l'administration de la pénitence qu'il me paraît s'être donné carrière. Avec les textes qu'il a puisés aux recueils des compilateurs qui l'ont précédé, il a pris d'extrêmes libertés; c'est ce que j'aurai l'occasion de montrer dans des études ultérieures.

J'ai cru devoir résumer le résultat de mes investigations dans le tableau qui termine la présente étude.

LIVRES DU DÉCRET.	RÉGINON.	ANSELMO DEDICATA.	DIONYSIO-HADRIANA.	FAUSSES DÉCRÉTALES.	CAPITULA ANGILRAMNI.	LETTRES ISOLÉES DES PAPES
I.....	28	107	8	46	2	1
II.....	126	32	12	22	3	2
III.....	85	33	7	27	1	5
IV.....	14	37	5	13	0	1
V.....	14	9	4	9	0	0
VI.....	30	0	1	5	0	1
VII.....	10	3	0	2	0	0
VIII.....	23	18	5	11	0	0
IX.....	42	14	4	1	0	0
X.....	89	2	2	7	0	0
XI.....	89	3	2	7	0	3
XII.....	12	1	0	4	0	0
XIII.....	9	4	0	1	0	0
XIV.....	9	0	0	1	0	0
XV.....	4	15	0	3	2	0
XVI.....	10	3	0	3	3	0
XVII.....	42	0	0	1	0	0
XVIII.....	11	0	3	2	0	0
XIX.....	35	0	10	8	0	0
XX.....	0	0	6	0	0	0
TOTAUX...	582	281	69	173	11	13

(1) Ces chiffres, surtout pour les collections qui ont fourni des textes nombreux, doivent être
(2) Authentiques et apocryphes.
(3) Le livre I, dans l'édition, ne comprend que 333 chapitres numérotés; le 334ᵉ ne porte aucu

iquant la composition du Décret de Burchard (1).

CONCILES DE L'ÉPOQUE MÉROVINGIENNE.	CONCILES DE L'ÉPOQUE CAROLINGIENNE.	CONCILES POST-CAROLINGIENS.	COLLECTION IRLANDAISE.	CAPITULA D'ÉVÊQUES.	PÉNITENTIELS.	DROIT ROMAIN.	CAPITULAIRES (2).
4	11	5	11	0	1	1	6
4	6	1	1	13	0	0	14
14	16	3	10	5	3	0	12
1	4	1	0	4	10	0	7
2	0	0	0	2	8	0	2
0	3	1	1	0	1	0	2
1	2	1	0	0	1	1	5
3	16	0	1	0	8	0	12
0	3	0	3	2	4	0	6
1	1	1	0	0	7	0	1
0	4	7	0	0	2	0	7
0	0	2	6	1	0	0	0
0	0	3	5	5	0	0	1
0	3	0	0	1	1	0	1
1	4	0	2	0	0	0	6
3	1	0	0	0	0	0	7
0	5	0	0	0	8	0	0
0	0	0	2	1	2	0	0
1	12	0	7	3	50	0	0
0	0	0	1	0	0	0	0
35	91	25	50	37	111	2	89

ne rigoureusement exacte, mais seulement approximatifs. Il faut ajouter que Burchard a modifié une foule de texte

parce que, dans les collections, il était souvent lié au fragment qui le précède et porte le n° 283.

APPENDICE

Le livre XIX du Décret.

Au cours de la précédente étude, j'ai toujours considéré comme certain que le livre XIX du *Décret* ou *Corrector* avait été composé, comme les autres livres, par les rédacteurs du *Décret* au moment où ils se sont acquittés de la tâche qu'ils s'étaient imposée.

Or, les Ballerini (1), et après eux Mgr Schmitz (2), ont adopté sur la composition du *Corrector* une opinion très différente. Cette opinion peut être ainsi résumée d'après le dernier ouvrage de Mgr Schmitz. Burchard aurait accueilli dans son *Décret* un pénitentiel qui circulait de son temps dans les pays germaniques et qui fut connu sous le nom de *Corrector* : il l'aurait complété au moyen de décisions empruntées à d'autres recueils. Ce pénitentiel serait représenté par les chapitres 1 à 33 du livre XIX du *Décret*.(3).

---

(1) *De antiquis collectionibus et collectoribus canonum*; P. IV, c. XII, § 6.

(2) T. I, p. 763, et surtout t. II, p. 385 et s. La thèse de Mgr Schmitz a été reprise par M. Diedrich, *Das Dekret des Bischofs Burchard von Worms*, p. 69 et s. — Dans sa dissertation, relative à l'histoire de la pénitence (*Der Umschwung in der Lehre von der Busse während des XII Iahrhunderts*) publiée dans les *Theologische Abhandlungen* dédiées à Weiszäcker (Fribourg-en-Brisgau, 1892), p. 193-295, M. Müller émet l'avis que le *Corrector* n'est pas de Burchard et a été inséré par lui en bloc dans son *Décret*.

(3) Il est certain que ces chapitres 1 à 33 constituent un ensemble de règles sur l'administration de la pénitence qui peuvent se suffire à elles-mêmes.

Mgr Schmitz fait remarquer, à l'appui de sa thèse, que la même série de textes, isolée des autres livres du *Décret* et parfois complétée par des canons pénitentiels variés, se retrouve dans divers manuscrits. Il en conclut que cette série a existé comme une œuvre autonome, antérieurement au *Décret* et indépendamment de lui. Il en est si profondément convaincu qu'il a cru pouvoir la publier sous ce titre : *Pœnitentiale Ecclesiarum Germaniae* (1).

Je ne crois pas que cette opinion soit fondée ; qu'il me soit permis de dire en bref les raisons qui me conduisent à la rejeter.

1° Un fait est certain : les c. 1-33 du livre XIX du *Décret* reproduisent, pour la plupart, des textes empruntés aux recueils qui sont les sources habituelles de Burchard, ou sont inspirés par des textes tirés des mêmes recueils.

C'est surtout l'influence de Réginon qui se fait sentir à qui examine de près les c. 1-33. Les c. 2, 3 et 4 reproduisent Rég., I, 292, 301, 302, 303; le texte des c. 6 et 7 reproduit un fragment du c. 304 (2). En outre

les c. 11 et 12 dépendent de Rég., II, 452 ;
      18, 19. 20   —   —   II, 448, 447, 449;
      22, 23. 24   —   —   II, 446, 453, 454;
      26, 27. 28   —   —   I, 295, 294, 296.

Enfin le c. 5, questionnaire à l'usage des confesseurs, tellement développé qu'il est à lui seul une œuvre se suffisant à elle-même, est dressé sur le patron du questionnaire dont Réginon a fait le c. 304 de son livre Ier : la structure et le texte du chapitre de Réginon s'aperçoivent encore au milieu de l'amas extrêmement copieux de questions entassées par le rédacteur du *Décret*. J'estime que quiconque rapprochera les deux textes ne pourra refuser d'admettre cette conclusion.

Ainsi, sur 33 chapitres, j'en ai énuméré 17 qui se rattachent plus ou moins étroitement au texte de Réginon (3).

(1) T. II, p. 401 et s.
(2) Voir l'édit de Réginon donnée par Wasserschleben, p. 146-147.
(3) Mon opinion est, on le voit, fort éloignée de celle de M. Diedrich, qui estime que Réginon n'a fourni à peu près aucun élément à la Ire partie

D'autres procèdent de textes pénitentiels que nous avons dû classer parmi les sources de Burchard, à savoir, l'*Excarpsus Cummeani*, l'*Excarpsus Bedæ*, et l'*Excarpsus Egberti*. Ainsi le c. 18 reproduit, avec quelques variantes, un passage de la préface de l'*Excarpsus* qui porte le nom de Cummean (1). De même le c. 29 s'ouvre par un passage qui se trouve au début de la même préface (2). La fin de ce c. 29 se retrouve en partie dans le c. 1 de l'*Excarpsus Bedæ* (3); de même le c. 25 du livre XIX reproduit le c. 10 de cet *Excarpsus*. Quant à l'*Excarpsus Egberti*, c'est de textes qui y sont contenus que dépendent les c. 8 et 9 du livre XIX du *Décret* (4). Enfin les c. 31, 32, 33 se rattachent, le premier à la préface générale du recueil pénitentiel d'Haligaire (5), les deux autres à la préface de son livre VI qui contient le pénitentiel dit Romain, préface qui a été placée en tête de beaucoup d'autres pénitentiels. Ajoutez à cela que le c. 1 du livre XIX ne fait que reproduire le c. 36 des *Capitula* de Théodulphe d'Orléans.

Or, il suffit de se reporter à la précédente étude pour constater que toutes ces sources, recueil de Réginon, pénitentiels qui viennent d'être cités et *Capitula* de Théodulphe, ont été mises à contribution par Burchard pour la composition du *Décret* (6). Il en résulte nettement que les c. 1-33 du livre XIX du *Décret* sont faits des mêmes éléments que les autres parties de ce recueil.

2° En outre les chap. 1-33 du livre XIX décèlent, par plus d'un trait, la manière de Burchard et de ses collaborateurs.

On la retrouvera d'abord dans la façon de traiter les *inscriptiones* placées en tête de quelques-uns de ces chapitres. Le c. 1, tiré des *Capitula* de Théodulphe, est attribué dans cette série au pénitentiel romain; cela concorde bien avec les habitudes

du livre XIX (*op. cit.*, p. 67) et qu'on ne peut citer son recueil comme une source de la série 1-33.

(1) Wasserschleben, *Die Bussordnungen*, p. 463; cf. Schmitz, t. II, p. 603.

(2) Wasserschleben, *op. cit.*, p. 460; Schmitz, t. II, p. 599.

(3) Wasserschleben, *op. cit.*, p. 220.

(4) Le c. 8 dépend de la préface de l'*Excarpsus*; Wasserschleben, *op. cit.*, p. 231 et s.; Schmitz, t. II, p. 661 et s.; le c. 9 se rattache au même recueil, IV, 15 et 16, mais des additions ont été faites au texte d'Egbert.

(5) *Patrologia latina*, t. CV, col. 657; Schmitz, t. II, p. 266.

(6) *Patrologia latina*, t. CV, col. 693 et 694; Schmitz, t. II, p. 261 et 199.

de Burchard, qui ne manque jamais de démarquer les *Capitula* d'évêques qu'il croit devoir employer. De même, l'auteur fait fréquemment usage, dans cette série, de l'attribution au pénitentiel romain, qu'il emploie sans grande critique. Il est une autre *inscriptio*, assez familière à Burchard, dont a usé l'auteur de cette série; c'est l'*inscriptio* conçue en ces termes : *ex dictis Augustini*. Elle est placée en tête du c. 2, qui provient du recueil de Réginon où il n'est précédé d'aucune attribution; on la retrouve encore en tête des c. 29 et 30, qui proviennent de sources pénitentielles et non de saint Augustin. Toutes ces particularités sont caractéristiques du *Décret*, comme je le montrerai ultérieurement (1).

Il y a plus; la manière de Burchard se révèle, dans cette série, par diverses interpolations (2). Je n'en citerai qu'une, qui me semble particulièrement importante.

Le c. 8 est, comme on l'a dit plus haut, un fragment de la préface de l'*Excarpsus Egberti* (3). Quand il en vient au passage de l'*Excarpsus* où il est recommandé au prêtre d'étudier le pénitentiel, l'auteur du c. 8 introduit un développement où il explique qu'il s'agit des *justae sententiae* des trois pénitentiels de Théodore, des Pontifes Romains et de Bède (4); il y tient, car il y revient un peu plus loin, vers la fin du chapitre. Or il ne faut point oublier que dans la liste générale de ses sources, qu'il cite à la fin de la préface, en tête de son recueil, Burchard ne veut mentionner que ces trois pénitentiels (5); au surplus, quand il insère des textes qu'il croit devoir rattacher à des pénitentiels, c'est toujours à l'un de ces trois recueils qu'il les attribue, encore que manifestement il les ait

---

(1) Voir la II° étude.

(2) B., XIX, 29 est tiré de R., II, 449; Burchard y ajoute la détermination exacte des trois carêmes dont il est question au texte. — B., XIX, 32 reproduit un passage de la préface du livre VI du pénitentiel d'Halitgaire; mais le compilateur y fait quelques modifications; notamment au lieu de ces mots : *Si egerit ea quae illi sacerdos praeceperit, peccata ejus remittentur*, le compilateur donne ce texte : *Si egerit ea quae illi sacerdos praeceperit, illa peccata tantum quae confessus est remittentur.*

(3) Voir ci-dessus, p. 44.

(4) Ad haec autem (ut discat) suam poenitentialem, qui et secundum canonum auctoritatem et justas sententias trium poenitentialium, Theodori episcopi et Romanorum Pontificum et Bedae, ordinatur.

(5) *Patrologia latina*, t. CXL, col. 540.

pris ailleurs (1). Ainsi l'auteur du c. 8 partage les opinions particulières de Burchard en ce qui concerne l'autorité qu'il accorde seulement aux trois pénitentiels.

En somme, la main de Burchard ou de ses collaborateurs se découvre, à mon sens, dans la rédaction des c. 1-33 du livre XIX aussi bien que dans leur composition.

3° Si maintenant je considère plus particulièrement le long interrogatoire à l'usage des confesseurs qui forme le chapitre 5 du livre XIX et qui comprend à lui seul 194 questions d'après la numérotation de Mgr Schmitz (2), j'en déduis des observations qui ne sont pas d'un intérêt médiocre pour la solution de la question qui nous occupe. Sans doute il n'y a pas toujours une coïncidence parfaite entre les questions du chap. 5 et les canons insérés dans le *Décret*; sans doute on constate parfois des différences dans les sanctions indiquées de part et d'autre; sans doute enfin, il est nombre de questions qui ne correspondent à aucun canon du *Décret* (3). Cependant un très grand nombre de questions du chap. 5 sont en rapports évidents et étroits avec les canons du *Décret*; souvent même l'ordre des questions rappelle l'ordre d'après lequel sont disposés les canons qui les ont inspirées. Déjà ce fait avait frappé Wasserschleben; j'ai relevé un bon nombre d'exemples qui le mettront de nouveau en lumière (4).

Questionnaire.		Textes du Décret.
1	correspond (5) à	VI, 1
2	—	2
3	—	3
4	—	4
5	—	5
6	est un fragment de	6

(1) Voir la II° étude.

(2) Schmitz, t. II, p. 402-452.

(3) Toutefois on peut établir la relation qui unit un certain nombre de ces questions à des textes de collections qui ont servi de sources à Burchard, notamment à des textes de Réginon.

(4) Je cite les questions du chap. 5 du livre XIX de Burchard d'après la numérotation que leur a donnée Mgr Schmitz, t. II, p. 409 et s.

(5) J'entends par ce mot, ou que le questionnaire reproduit le canon, ou qu'il s'en inspire sans qu'il y ait correspondance exacte.

7	correspond à	32
8	—	16
9	—	24
10	—	17
14	—	42
15	—	34
20	—	21
21 et 22	—	22
23 et 24	—	40

Voici une autre série qui présente le même caractère :

31	correspond à	XII, 3
32	—	9
33	—	4 et 6
34	—	7
35 (1)	—	15
36	—	17
37	—	19

Je passe aux textes relatifs aux superstitions

60	répond à	X, 5 et 6
61	—	13
62	—	16
63	—	18
64	—	19
65	—	20
66	—	21
67	—	26 et 27
68	—	28
69	—	29
91	—	34
92	—	33
94	—	38 et 32
95	—	14

Qu'il me soit permis de citer encore deux séries. La première concerne le livre XVII de Burchard :

(1) C'est un texte où le c. 35 du livre XII de Burchard est atténué et mis pe point.

```
105  correspond à  XVII, 3
106      —            4
107      —            6 et 7
108      —            15
109      —            10
110      —            11
111      —            13
112      —            16
```

La seconde concerne des textes de la dernière partie du
livre XIX, dont la composition est généralement attribuée à
Burchard :

```
 .27   correspond à  XIX, 84
128-130      —            85
131          —            92
132          —            148
133          —            137
134          —            138
135          —            115
136          —            136
```

La corrélation incontestable qui, on vient de le voir, existe
entre les textes du questionnaire et ceux des autres parties
du *Décret* ne comporte que deux explications. Ou bien l'auteur du questionnaire avait sous les yeux le *Décret* et s'y
est conformé, en l'amplifiant et sans s'astreindre à le reproduire servilement; ou bien l'auteur du *Décret*, ayant sous
les yeux le questionnaire, a cherché dans les recueils qui lui
servaient de sources, pour les introduire dans le *Décret*, les
textes dont s'était inspiré antérieurement l'auteur du questionnaire; bien plus, il s'est attaché en général à les ranger d'après
un ordre correspondant à celui des questions. Entre ces deux
explications, il faut choisir.

Pour ma part je n'hésite pas à penser que le questionnaire
procède en beaucoup de ses portions des autres livres
du *Décret*. Au contraire les partisans de la thèse défendue par
Mgr Schmitz sont obligés de se rallier à la seconde opinion
d'après laquelle c'est le *Décret* qui fut rédigé d'après le questionnaire antérieurement existant. A mon sens, cette seconde
opinion semble tout à fait invraisemblable. Je vois mal Burchard s'attachant à suivre un questionnaire en tout cas peu

répandu pour y conformer diverses parties de son *Décret*, et se réduisant ainsi à faire de ces parties un recueil de pièces justificatives du questionnaire.

4° Toutefois il est incontestable que l'opinion de Mgr Schmitz, si peu vraisemblable soit-elle, devrait être accueillie si elle trouvait un fondement solide dans l'étude des manuscrits, si, par exemple, on découvrait un manuscrit de date antérieure au *Décret* contenant les chap. 1-33 du livre XIX. Or, jusqu'à ce moment aucun argument de ce genre n'a été produit. Mgr Schmitz énumère bien un certain nombre de manuscrits contenant les chap. 1-33 du livre XIX, isolés des autres parties du *Décret*, et accompagnés d'additions qui diffèrent d'un manuscrit à l'autre (1). Mais les plus anciens de ces manuscrits datent du xi° siècle; c'est dire qu'ils peuvent fort bien n'être que des extraits tirés du *Décret*. Or les textes du livre XIX et en particulier les c. 1-33 constituaient un guide à l'usage des confesseurs; il n'est nullement surprenant qu'on les ait extraits du *Décret* et qu'on les ait propagés comme un manuel répondant aux besoins de la pratique; cela paraîtra moins étonnant encore à qui sait combien d'extraits et d'abrégés on a tirés du recueil de Burchard (2). Au surplus quelques-uns des manuscrits cités par Mgr Schmitz décèlent d'une façon irrécusable le fait qu'ils ne contiennent qu'un extrait du *Décret*; en effet ils s'ouvrent par la mention : *Incipit liber nonus decimus, qui Corrector vocatur* (3).

S'il n'y a pas lieu de faire état des observations qui se dégagent de l'examen des manuscrits, il ne convient pas non plus de s'arrêter à une autre considération proposée par Mgr Schmitz (4). On sait que le livre XIX, ou tout au moins son noyau, porte le titre de *Corrector* : ce titre spécial semble, à

(1) Schmitz, t. II, p. 394 et s. L'un de ces manuscrits est le Vallicell. F, 8, qui présente le XIX° livre du *Décret* sous une forme particulière. Ce texte a été publié par Wasserschleben, *die Bussordnungen*, p. 624 et s. Le manuscrit Vallicell. F, 8 est du xiv° siècle, d'après Mgr Schmitz, t. II, p. 399.

(2) Ainsi s'explique le fait que le livre XIX a été copié à part, et a été augmenté d'additions variées suivant les caprices du compilateur. Le texte publié par Wasserschleben en fournit un exemple.

(3) C'est le cas du Codex Vatican. 4772, du Codex Gottvicensis, 343 et du Codex Vatican. 1352; cf. Schmitz, *loc. cit.*

(4) T. II, p. 384-385.

Mgr Schmitz, une raison de croire qu'il s'applique à un ouvrage indépendant. Cette considération pourrait avoir quelque valeur si le livre XIX de Burchard était le seul qui fût précédé d'un titre spécial; mais il en est un autre qui jouit du même privilège; c'est le voisin du livre XIX, le dernier livre du *Décret*, qui, parce qu'il est consacré à des fragments de théologie dogmatique et morale et non à des règles de droit pratique, est désigné sous le nom de *Speculator*. Or, nul ne s'est avisé, pour ce motif, d'en refuser la paternité à l'évêque de Worms. Burchard a donc pu fort bien donner à son livre XIX le titre de *Corrector*.

En résumé, les c. 1-33 du livre XIX du *Décret* sont faits des mêmes sources que les autres parties de ce recueil; on y découvre les traits caractéristiques de l'œuvre de Burchard; le questionnaire du chapitre 5 dépend étroitement des autres parties du *Décret*. Aussi je n'hésite pas à considérer les c. 1-33 du livre XIX comme étant l'œuvre de Burchard et de ses collaborateurs, aussi bien que les autres livres du *Décret* (1). L'auteur me paraît avoir réuni au début de ce livre (c. 1-33) un ensemble de règles qui concernent l'administration de la pénitence; dans la suite du même livre, il a accumulé d'autres règles se rapportant au même objet et aussi des canons déterminant la pénitence à infliger pour des péchés non prévus ou insuffisamment prévus dans les autres livres du *Décret* (2).

(1) Telle est d'ailleurs l'opinion de M. Koeniger. *Burchard I von Worms*, p. 133, note 1; voir aussi son compte rendu de l'ouvrage de M. Diedrich, dans *Historisches Jahrbuch*, t. XXX, ann. 1909, p. 314-318.

(2) Exemples : canons sur l'usage des aliments impurs (84-92, 106); sur les coups et blessures (101-102); sur le suicide (130-131); sur l'incendie volontaire (136), etc... Il y a dans ce livre XIX une série de canons pénitentiels complémentaires des diverses séries qui se trouvent insérées dans les autres livres.

DEUXIÈME ÉTUDE

COMMENT BURCHARD PRÉSENTE LES TEXTES CANONIQUES

Nous nous sommes efforcé, dans une première étude, de déterminer les sources auxquelles Burchard a puisé les textes dont il a composé le *Décret*. La présente étude a pour objet de répondre à la question suivante : Comment Burchard a-t-il présenté les textes recueillis par lui?

Nous porterons d'abord notre attention sur le plan d'après lequel l'évêque de Worms et ses collaborateurs ont réparti les 1785 canons dont leur œuvre est composée. Cette question fera l'objet d'un premier chapitre. Dès qu'elle sera résolue, il conviendra de déterminer le degré de confiance mérité par les indications que Burchard donne sur ses sources, soit dans la liste générale qui termine sa préface, soit dans les *inscriptiones* qui précèdent chaque chapitre et sont censées en indiquer l'origine; à cette étude seront consacrés les chapitres II et III. Enfin, dans le IV° chapitre, nous nous demanderons si Burchard a reproduit fidèlement les textes ou s'il les a altérés.

CHAPITRE I

LE PLAN DU DÉCRET

Les collections canoniques se présentent à nous sous deux aspects ; les unes sont conçues d'après un plan chronologique, les autres d'après un plan méthodique : d'ailleurs ces deux plans peuvent se combiner entre eux. Tandis que les collections anciennes étaient plutôt composées d'après l'ordre chronologique, le Moyen âge a préféré l'ordre méthodique. C'est l'ordre méthodique qu'a choisi Burchard. Ses deux guides favoris, Réginon et l'auteur inconnu de l'*Anselmo dedicata*, ont dans une assez large mesure inspiré son plan. Mais, au demeurant, il ne s'est cru obligé de suivre servilement ni l'un ni l'autre, si bien que le plan auquel il s'est conformé peut être considéré comme son œuvre personnelle.

La collection de Réginon est divisée en deux livres ; le premier contient les règles qui concernent surtout les membres du clergé, le second s'adresse à tous les chrétiens. Les textes de l'*Anselmo dedicata* sont répartis en douze livres ; dans chaque livre l'auteur présente trois séries de textes, une série générale, une série d'extraits du registre de saint Grégoire et une série de fragments des compilations de droit romain. L'ordre des matières qui y est suivi peut se résumer ainsi : primatie du Siège apostolique, archevêques et évêques, conciles, clercs, moines, laïques et plus particulièrement emporeurs, foi, sacrements, culte, hérétiques et païens.

Visiblement Burchard a trouvé trop étroits les plans adoptés par ces deux collections. Celui de Réginon ne touchait guère à la constitution de l'Église ; celui de l'*Anselmo dedicata* ne comprenait pas la pénitence, matière d'un intérêt quotidien, de la plus haute importance aux yeux de Burchard. Aussi conçut-il le projet d'une œuvre plus complète, divisée en vingt livres, dont le contenu est indiqué dans un exposé sommaire placé en tête de l'œuvre ; on y remarque, entre autres particularités, que le livre final est consacré à des notions théologiques en rapport étroit avec la morale : création et chute de l'homme, prédestination, grâce et fins dernières. Toutefois il suffit de comparer le sommaire des livres de l'*Anselmo dedicata* et celui du *Décret* pour apercevoir l'influence qu'a exercée le recueil italien sur l'œuvre de Burchard. L'influence du plan du livre de Réginon, moins sensible, ne doit pas cependant être méconnue. Le lecteur pourra apprécier l'importance de ces deux influences en consultant le tableau suivant.

BURCHARD (1)

Primus liber continet de potestate et *primatu apostolicæ Sedis, patriarcharum, caeterorumque primatum, metropolitanorum, et de synodo celebranda et vocatione ad synodum. De accusatis et accusatoribus et testibus. De exspoliatis injuste. De judicibus ac de omni honore competenti, ac dignitate et diverso negotio et* ministerio *episcoporum.*

Secundus liber continet de *congruenti dignitate* et diversa *institutione ac nutrimento vel qualitate vitæ et diverso negotio et* ministerio *presbyterorum et diaconorum, seu reliquorum ordinum ecclesiasticorum.*

ANSELMO DEDICATA ET RÉGINON

A. D. — Prima pars continet de primatu et dignitate Romanæ Sedis, aliorumque primatum, patriarcharum, archiepiscoporum atque metropolitanorum.

A. D. — Secunda pars continet de honore competenti ac dignitate et diverso negotio episcoporum et chorepiscoporum.

A. D. —Tertia pars continet de synodo celebranda et vocatione ad synodum; de accusatoribus et accusationibus; de testibus et testimoniis; de spoliatis injuste, de judicibus et judiciis ecclesiasticis vel saecularibus.

A. D. — Quarta pars continet de congruenti dignitate et diverso negotio presbyterorum et diaconorum seu reliquorum ordinum ecclesiasticorum.

A. D. — Quinta pars continet de clericorum institutione

---

(1) On a imprimé en italiques les portions de ces sommaires qui semblent procéder directement des sommaires ou des titres de l'*Anselmo dedicata* (A. D.) ou de Réginon.

et nutrimento vel qualitate vitœ.

Tercius liber continet *de divinarum domorum institutione et cultu* et honore. *De decimis et oblationibus* et justitiis singulorum, et qui libri in sacro catalogo recipiantur, qui vero apocryphi, et quando apponendi sint.

A. D. — Decima pars continet de templorum divinorum institutione et cultu, ac praediis, de sacrificiis, oblationibus ac decimis.

Quartus liber continet *sacramentum baptismatis et ministerium baptizandorum et baptizatorum*, et consignandorum et consignatorum.

A. D. — Nona pars continet de sacramento baptismatis et baptizandis ac baptizatis.

Quintus liber continet de sacramento corporis et sanguinis Domini et de perceptione et observatione eorum.

Sextus liber continet de homicidiis sponte et non sponte commissis, et de parricidiis et de fratricidiis, et de illis qui uxores legitimas et seniores suos interficiunt, et de occisione ecclesiasticorum, et de observatione et de paenitentia singulorum.

Rég., II, 6-97. — De paenitentia homicidarum.

Septimus liber continet de incesta copulatione consanguinitatis et in quo geniculo fideles et conjungi et separari debeant, et de revocatione et de paenitentia singulorum.

Cf. Rég., III, 184-202.

Octavus liber continet de viris ac feminis Deo dicatis et sacrum propositum transgredientibus et de revocatione et de paenitentia eorum.

A. D. — Sexta pars continet de proposito monachorum et professione sanctimonialium ac viduarum.

Nonus liber continet de virginibus et viduis non velatis, de raptoribus eorum et de separatione, de conjunctione legitimorum connubiorum, de concubinis, et de transgressione et pænitentia singulorum.

Decimus liber continet *de incantatoribus*, et de auguribus, de divinis, de *sortilegis*, et de variis illusionibus diaboli, et de maledicis, et de contentiosis, et de conspiratoribus, et de paenitentia singulorum.

Undecimus liber continet de excommunicandis et excommunicatis, de furibus et de prædatoribus, et de praesumptione et contemptu et negligentia et reconciliatione et paenitentia eorum.

Duodecimus liber continet *de perjurio* et de paenitentia ejus.

Tertius decimus liber continet de veneratione et observatione sacri jejunii.

Quartus decimus liber continet de crapula, et ebrietate, et de paenitentia eorum.

Quintus decimus liber continet *de imperatoribus*, *de principibus et de reliquis laïcis* et de ministerio eorum.

Sextus decimus liber continet de accusatoribus, de judicibus, de defensoribus, de fal-

Ces matières, traitées dans la VII° partie de l'*Anselmo dedicata*, ne sont pas annoncées dans le sommaire.

Rég., II, 354-375. — De incantatoribus, maleficis et sortilegis.

Rég. II, 266-296. — De furto et rapina.

Rég. II, 315-350. — De perjurio.

A. D. — Septima pars continet de laïcis, imperatoribus scilicet, principibus, et reliquis saeculi ordinibus.

sis testibus et de paenitentia singulorum.

Septimus decimus liber continet *de fornicatione* et incestu diversi generis, et de paenitentia utriusque sexus et diversae aetatis.

Octavus decimus liber continet de visitatione et paenitentia et reconciliatione infirmorum.

Nonus decimus liber, qui *Corrector* vocatur, continet correctiones corporum et animarum medicinas.

Vigesimus liber *Speculator* vocatur (1).

Rég. II, 98-183. — De adulteriis et fornicationibus.

Il me semble qu'à la seule inspection de ce tableau le lecteur a dû reconnaître la grande influence que le plan de l'*Anselmo dedicata* a exercée sur le plan du *Décret*. L'influence de la distribution des matières dans le livre II de Réginon a été moindre; mais on a pu en apercevoir la trace. En somme, il en est du plan du *Décret* comme de sa composition : Burchard s'est inspiré, pour l'un comme pour l'autre, de l'œuvre de Réginon et de l'*Anselmo dedicata*.

Dans chaque livre, les canons sont présentés d'après un certain ordre, non pas rigoureux, mais souvent reconnaissable. Ainsi les 234 chapitres du livre I peuvent être ramenés à quelques grands points, dont il est traité successivement : privilège du Pontife romain; élection des évêques; conciles; métropolitains; relations entre les évêques; devoirs et droits des évêques; procès contre les évêques; déposition des évêques; translation d'un évêque d'un siège à un autre. On en pourrait dire autant de la plupart des livres qui composent le *Décret*. A coup sûr, les auteurs de ce recueil ne se sont pas, en géné-

(1) C'est le livre final, consacré à des notions purement théologiques, mais en rapport étroit avec la morale.

ral, contentés de ranger les canons les uns à la suite des autres ; ils ont tenté de les classer.

CHAPITRE II

LES INDICATIONS GÉNÉRALES DE SOURCES PLACÉES
A LA SUITE DE LA PRÉFACE DU DÉCRET

Burchard a cru devoir terminer sa préface par une liste des sources *ex quibus haec decreta collegerit* (1). Il n'est pas inutile d'examiner cette liste.

En première ligne, l'évêque de Worms a placé une mention assez énigmatique, d'après laquelle il a extrait des textes *ex canonibus qui Corpus canonum vocantur*. On s'est divisé sur le point de savoir quel sens il attachait à ces mots *Corpus canonum*. Il me semble que l'explication la plus vraisemblable consiste à y voir la *Dionysio-Hadriana*; peut-être aussi pourrait-on entendre cette expression des Fausses Décrétales. Je n'oserais croire que Burchard ait voulu faire allusion au recueil de Réginon ou à l'*Anselmo dedicata*. En tout cas, il faut convenir que cette première désignation est fort équivoque.

Si Burchard a ouvert sa liste des sources par l'indication d'une des collections où il a puisé, il ne va pas plus loin dans cette voie; il se contente ensuite d'indiquer, non pas les recueils qui lui ont fourni des textes, mais, d'une manière générale, la nature des fragments qu'il a insérés dans son *Décret*. Ce sont, dit-il, des canons de conciles : d'abord des conciles d'outre-mer (sans doute il fait allusion aux conciles orientaux et africains) et ensuite des conciles tenus en Germanie, en Gaule ou en Espagne. Cela peut s'appliquer aussi bien aux canons des conciles tirés des anciennes collections qu'aux canons des conciles mérovingiens, carolingiens et postcarolingiens dont nous avons fait l'énumération.

Burchard mentionne ensuite les décrétales des Papes. On a vu que celles dont il cite des fragments ont été presque toutes tirées des collections auxquelles il a eu recours; rares sont les

(1) *Patrologia latina*, t. CXL, col. 539.

décrétales qui n'en proviennent pas. Ajoutez à cela que, parmi
les textes qu'il présente comme des décrétales, figurent bon
nombre d'apocryphes, soit parce que Burchard les a empruntés
au faux Isidore, soit pour d'autres raisons que je ferai connaître
en traitant des *inscriptiones* qu'il a données à ces textes.

Burchard avertit alors le lecteur qu'il a tiré parti des livres
de l'Ancien et du Nouveau Testament. Il donne ainsi à penser
que la Bible a été pour lui une source de textes égale en importance aux décrétales des Papes ou aux canons des conciles,
ce qui est complètement erroné. J'ai eu l'occasion de montrer
que les textes bibliques sont très peu nombreux dans le
Décret; M. Diederich n'en compte pas plus de huit (1).

Après la Bible viennent les écrits des Pères. Burchard nous
fait savoir qu'il a mis à contribution les œuvres de saint Grégoire, ce qui est exact (2). Puis il cite saint Jérôme, saint Augustin, saint Ambroise, saint Benoît, saint Basile et Isidore de
Séville. Ainsi conçue, cette liste donne une impression fausse
à quiconque veut se rendre compte de l'importance des sources
patrologiques auxquelles Burchard de Worms a eu recours.
J'ai montré dans la précédente étude l'importance des fragments tirés des écrits d'Isidore de Séville Quant aux œuvres
de saint Augustin, Burchard n'en a pas fait un dépouillement
méthodique; il cite nombre de textes du saint docteur qu'il a
recueillis de seconde main, dans d'autres collections, et place
sous son nom une certaine quantité de fragments qui ne lui
appartiennent pas, à commencer par les extraits de l'ouvrage
de Gennadius, *de ecclesiasticis dogmatibus* (3). Burchard n'a
pas davantage dépouillé les œuvres de saint Jérôme, de saint
Ambroise, de saint Benoît et de saint Basile : les textes qu'il
cite sous leurs noms et qui d'ailleurs ne sont pas nombreux
proviennent du recueil de Réginon ou de l'*Hibernensis*. En ce
qui concerne saint Jérôme, j'en ai relevé treize, trois tirés de

(1) *Op. cit.*, p. 51. Voir ci-dessus, 1re étude.

(2) *Ibid.*

(3) Voir la 1re étude. Réginon et l'*Hibernensis* ont fourni à Burchard quelques textes d'Isidore et de saint Augustin qui doivent être ajoutés aux textes, venus d'autres sources, qui ont été mentionnées dans la 1re étude. Le chiffre n'en est pas considérable; en effet Réginon lui-même ne contient que
neuf textes de saint Augustin et quatre d'Isidore.

Réginon (1) et huit de l'*Hibernensis* (2). Réginon a fourni huit
textes de saint Basile (3); il en est un autre qui a été extrait
de l'*Hibernensis* (4). Burchard a pris en outre à Réginon
trois textes de saint Benoît (5) et un de saint Ambroise (6).
Tout compte fait, ces citations sont bien peu nombreuses;
il faut avouer qu'on ne devait pas s'attendre à voir les
ouvrages de ces docteurs cités parmi les sources principales
du *Décret*. Il est surprenant d'ailleurs que Burchard n'ait pas
donné une mention à d'autres écrits patristiques qu'il a exploités, ceux de Raban Maur, de Ratramn de Corbie, les *Vitæ
Patrum*; il eût pu indiquer aussi Paulin d'Aquilée et Walafrid Strabon, à chacun desquels il a fait un emprunt unique,
mais important.

(1)
$$XI, 45 = \text{Rég.,} \ II, 314.$$
$$XI, 55 = \quad - \quad II, 273.$$
$$XIV, 12 = \quad - \quad I, 140.$$

Le second de ces textes est seul sous le nom de saint Jérôme dans le
Décret; les deux autres sont attribués à saint Augustin.

(2)
$$I, 204 \qquad = \textit{Hibernensis}, \ XXXVII, 20, b.$$
$$- \ 207 \qquad = \quad - \qquad - \qquad 4, a.$$
$$III, 91 \qquad = \quad - \qquad XLIX, 9.$$
$$- \ 160 \ et \ 161 = \quad - \qquad XVIII, \ 1, a, b, c.$$
$$VI, 43 \qquad = \quad - \qquad XXVII, 8, a \ et \ b.$$
$$IX, 25 \qquad = \quad - \qquad XLVI, 28, b.$$
$$XII, 21 \qquad = \quad - \qquad XXXV, 1, f.$$
$$XIII, 22 \qquad = \quad - \qquad XII, 8, b.$$
$$XIX, 78 \qquad = \quad - \qquad XI, 1, a.$$
$$- \ 113 \qquad = \quad - \qquad XXXII, 31, b.$$

J'ai cité dans cette liste les textes auxquels Burchard, à tort ou à raison, a donné ou laissé le nom de saint Jérôme.

(3)
$$B. \quad II, 328 = \text{Rég.,} \ I, 435.$$
$$III, 127 = \quad - \quad app., \ II, 36.$$
$$IX, 45 \quad - \quad II, 109.$$
$$X, 52 = \quad - \quad I, 167.$$
$$-, 54 = \quad - \quad I, 166.$$
$$-, 67 = \quad - \quad I, 168.$$
$$XIX, 39 = \quad - \quad I, 325.$$
$$-, 61 = \quad - \quad I, 323.$$

(4)
$$XIX, 79 = \text{Hibern.,} \ XI, 1, b.$$

(5)
$$B. \quad II, 165 = \text{Rég.,} \ I, 137.$$
$$III, 81 = \quad - \quad I, 55.$$
$$XIV, 1 = \quad - \quad I, 141.$$

(6)
$$B. \quad X, 41 = \text{Rég.,} \ II, 372.$$

Quant aux pénitentiels, auxquels il a pris 111 fragments, sans compter ceux qui, en grand nombre, proviennent de Réginon, Burchard affecte de n'en connaître que trois; il a, dit-il, tiré ses textes : *ex paenitentiali Romano, ex paenitentiali Theodori, ex paenitentiali Bedae*; il fait d'ailleurs, non pas dans son introduction, mais dans deux passages par lui interpolés, des restrictions sur la valeur du pénitentiel de Bède (1). J'ai établi plus haut la liste des pénitentiels auxquels Burchard me paraît avoir recouru. Sans doute on y trouve le pénitentiel de Théodore; il y faut joindre, pour quelques fragments, l'*Excarpsus Bedae*, et aussi le pénitentiel pseudo-romain qui est le livre VI du recueil d'Halitgaire. Mais nous avons vu qu'il y faut ranger aussi nombre de recueils dont Burchard ne fait aucune mention : ainsi l'*Excarpsus Cummeani*, l'*Excarpsus Egberti*, le pénitentiel de Saint-Hubert et les écrits pénitentiels de Raban Maur. En réalité Burchard n'a cité ces recueils ni dans sa préface ni dans aucun endroit de son *Décret*; j'aurai l'occasion de le montrer en traitant des *inscriptiones*.

Il convient d'ajouter que la liste dressée par Burchard omet plusieurs catégories des sources du *Décret* : les *Capitula* des évêques et les recueils de textes du droit séculier, lois romaines et capitulaires. On a pu apprécier l'importance respective de la place qu'occupent dans le *Décret* les textes appartenant à ces diverses catégories; on verra plus loin que Burchard les a systématiquement démarqués, ce qui explique qu'il se soit abstenu de les mentionner en bloc dans sa préface.

En somme, la liste de Burchard, conçue sans méthode précise, se distingue d'une manière fâcheuse par de graves omissions, et aussi par des indications vagues ou tendant à donner à certaines sources une importance qui ne répond pas à la réalité des faits.

(1) Voir l'interpolation qui se trouve au c. 8 du livre XIX, emprunté à la préface de l'*Excarpsus Egberti*. Burchard y mentionne comme sources les *justae sententiae* des trois pénitentiels, et ajoute : Sed in paenitentiali Bedae plura inveniuntur alilia; plura autem invenienter ab aliis inserta, quae nec canonibus nec aliis paenitentialibus conveniunt (*Patrologia latina*, t. CXL, col. 979). Le pénitentiel de Théodore eût, lui aussi, bien mérité une restriction.

CHAPITRE III

LES *INSCRIPTIONES* DU DÉCRET

Nous venons de déterminer la valeur des indications géné-
rales données par Burchard à la fin de sa préface : on a vu
qu'elle est médiocre. Il convient maintenant d'apprécier celle
des indications spéciales qu'il donne en tête de chaque chapitre,
c'est-à-dire de ses *inscriptiones*.

Il est certain que Burchard a plus d'une fois rectifié ou complété les *inscriptiones* qu'il trouvait dans les recueils qui lui
servaient de sources, en les rapprochant d'autres recueils où
l'*inscriptio* se présentait en un meilleur état. De ces amélio-
rations M. Maassen a donné des exemples assez nombreux,
auxquels on ne peut mieux faire que de se référer. J'en cite
seulement quelques-uns (1) :

B., I, 1, ex epistola Anacleti papæ ad episcopos Italiæ directa
= *Anselmo dedicata*, I, 2, où l'*inscriptio* est réduite à ces mots :
Anacleti papæ, c. XXIV.

B., I, 2, ex epistola Melchiadis papæ Hispanis episcopis directa = *Ans. dedic.*, I, 7, avec l'*inscriptio* : Melchiadis papæ,
c. III.

B. I, 3, Ex epistola Anacleti papæ missa omnibus episcopis
et reliquis sacerdotibus = *Ans. dedic.*, IV, 1, avec l'*inscriptio* :
Anacleti papæ, cap. XXVIII.

B., I, 112, Ex concil. Chalced., cap. 2, est un extrait du
c. 2 de ce concile d'après la version de Denys. Burchard, qui
l'a sans doute pris dans le recueil de Réginon (I, 237) a ajouté
le numéro du canon, qui ne s'y trouvait pas.

Je ne crois pas utile de prolonger cette énumération ; en
multipliant les exemples, on démontrerait sans peine ce fait
que Burchard et ses collaborateurs n'ont pas craint de confronter les divers recueils où se trouvait consigné le même texte
et de compléter les indications des uns par celles des autres.

(1) Voir Maassen, *Zur Geschichte der Quellen des Kirchenrechts und des
römischen Rechts im Mittelalter*, dans *Kritische Vierteljahrschrift* de Pözl,
t. V, ann. 1863, p. 197 et s.).

Si d'ailleurs beaucoup des *inscriptiones* du *Décret* sont exactes, et si quelques-unes ont été rectifiées par les soins de Burchard, il n'en est pas moins vrai que la compilation dont il est l'auteur contient une foule d'*inscriptiones* erronées. Pourquoi Burchard a-t-il éliminé nombre d'*inscriptiones* exactes, c'est ce que nous devons rechercher en premier lieu. Nous étudierons ensuite les *inscriptiones* erronées que Burchard a substituées à celles qu'il a jugé bon de biffer.

Première section. — Les « inscriptiones » éliminées.

Il peut se faire qu'une erreur plus ou moins excusable ait amené Burchard à placer une *inscriptio* inexacte en tête d'un texte.

Parfois l'erreur tient à ce que Burchard n'a fait que répéter une mention inexacte qu'il trouvait dans une de ses sources. C'est ainsi, par exemple, qu'il a reproduit l'erreur commise par Réginon, qui, empruntant neuf canons aux *Capitula* d'Hincmar de Reims, les a fait précéder de cette attribution *ex concilio Remensi* ou *ex concilio Nannetensi* (1). C'est ainsi qu'à diverses reprises il a ajouté foi à des mentions erronées par lesquelles Réginon semble donner à penser que tel fragment doit être attribué à l'auteur du fragment qui le précède dans sa collection (2). C'est ainsi que Burchard a reproduit les attributions de sources données plus ou moins arbitrairement par Réginon à des *capita incerta* (3). Enfin il est possible que l'évêque de

---

(1) B., II, 52, 101, 106, 161 à 164; III, 104; XIX, 100 (Cf. Rég., I, 214, 211, 212, 216 à 219, 82, 215). Je ne crois pas inutile de faire remarquer que ces textes, tirés des *Capitula* d'Hincmar (les seuls d'ailleurs qui figurent dans le recueil de Réginon d'après la table de Wasserschleben), ont tous été démarqués par Réginon; c'est lui qui les a attribués à de douteux conciles de Reims et de Nantes.

(2) La mention *Unde supra* est souvent placée par Réginon en tête de ses chapitres. Elle signifie parfois (pas toujours) que le chapitre qu'elle précède est tiré de la même source que le chapitre auquel il fait immédiatement suite. Or il est arrivé que Réginon s'est quelquefois trompé et que le second chapitre provenait d'une origine différente. Cependant Burchard a suivi l'indication de Réginon; bien plus, il a aggravé son erreur en reproduisant en toutes lettres l'*inscriptio* du chapitre précédent. Cf. B., X, 1 (Rég., II, 371); XI, 13 et 45 (Rég., II, 290 et 291); XIX, 64 (Rég., I, 328), etc.

(3) Exemple : Réginon (II, 73) avait attribué un *caput incertum* à un concile de Mayence : Burchard a reproduit cette attribution (VI, 38).

Worms ait été entraîné à commettre des erreurs en reproduisant les attributions peu sûres de la collection irlandaise.

J'en viens à des erreurs qui appartiennent en propre à Burchard. En premier lieu il est permis d'en relever un certain
nombre qui ne sauraient être imputées qu'à l'inadvertance.
Ainsi s'expliquent des fautes de lecture : c. *Arelatense*, ou c.
Arvernense pour c. *Aurelianense* et réciproqueme nt (1). C'est
encore par inadvertance que Burchard donne plus d'une fois
à un chapitre, non point l'*inscriptio* qui lui convient, mais
celle du chapitre qui le précède dans la collection employée
comme source. Parfois cette erreu r n'a d'autre cause qu'une
simple étourderie (2); très souvent, elle provient de ce que
Burchard, recueillant dans une collection un chapitre anonyme,
l'a considéré comme une suite du chapitre précédent (3). Des
erreurs analogues tiennent à une autre cause : pour les expliquer, il faut savoir que si Réginon a employé les mots *Undè
supra*, en tête d'un chapitre, pour indiquer que ce chapitre
procédait de la même source que le précédent, il les a aussi
employés, dans d'autres cas, pour marquer l'identité de l'objet
traité dans un chapitre et dans le chapitre à la suite duquel il
se trouve placé, de telle façon que ces mots désignent tantôt
l'identité de sources, tantôt l'identité d'objet. Burchard a quelquefois méconnu cette seconde acception et entendu à tort
l'*Undè supra* de l'identité de sources, ce qui a donné lieu à des
fausses *inscriptiones* (4)

(1) Cf. II, 17; IV, 87, etc.

(2) Exemple : le c. 17 du livre IX est attribué à tort à un concile d'Arles ;
c'est en réalité un canon de concile tenu par le pape Eugène II. L'erreur provient de ce que Burchard, prenant ce texte dans l'*Anselmo dedicata* (VII,
52), a copié l'*inscriptio* de c. 51, qui est le c. 22 du premier concile d'Arles.

(3) B., II, 117 et 118 (Rég., I, 90 et 89), qui sont des fragments de lettres
d'Innocent I⁰, portent l'inscription *ex canone Apostolorum*, parce que, anonymes dans l'œuvre de Réginon, ils y suivent un canon précédé de cette
inscription. B., III, 9 est faussement attribué dans le *Décret* au concile de
Meaux pour une raison analogue ; c'est un texte anonyme de Réginon (I,
38), qui suit dans son recueil un canon de Meaux. Le v. 39 du livre VI de
Burchard, reproduisant le canon anonyme de Réginon, II, 84, doit à une
circonstance analogue son attribution par Burchard au concile d'Elvire. On
pourrait faire de semblables observations pour de nombreux chapitres du
Décret : il suffit, pour s'en convaincre, de parcourir les notes que Wasserschleben a ajoutées au texte de Réginon.

(4) Voici l'indication d'un certain nombre de chapitres où Burchard n'a pas

Il est des erreurs qui mettent en jeu plus directement la responsabilité de Burchard, parce qu'il n'a point été induit à les commettre par les indications qu'il trouvait dans les œuvres des canonistes ses prédécesseurs. Je ne parle pas ici des quelques *inscriptiones* qu'il a cru pouvoir forger pour les placer en tête de fragments anonymes qu'il rencontrait dans le recueil de Réginon ou ailleurs (1). Ce qui est plus grave, c'est que Burchard a systématiquement biffé un bon nombre d'*inscriptiones*, afin de donner le change sur la nature des sources qu'il mettait à contribution. Cette conclusion résulte nécessairement, à mon avis, des constatations dont le résumé suit.

1° On a rencontré dans le *Décret* de Burchard de nombreux textes provenant des Capitulaires, vrais ou faux. J'en ai relevé 87 qui n'ont pas été tirés du recueil de Réginon; il en est en outre beaucoup qui ont été extraits de ce recueil (2). Or, c'est un fait certain, déjà remarqué par Baluze et les Ballerini, que tous ces textes ont été démarqués; l'*inscriptio* indiquant leur origine séculière a été soigneusement biffée et remplacée par une inscription leur attribuant une origine ecclésiastique (3), si

compris que l'indication *Undè supra* donnée par Reginon s'appliquait, non pas à la source (ce qui est son sens le plus fréquent dans l'œuvre de Réginon), mais au fond, et a agi en conséquence, donnant à tort au canon l'inscriptio du canon précédent : II, 217 (Rég., I, 171); II, 190 (Rég., I, 174); XIX, 26 (Rég., I, 295); VIII, 26 (Rég., I, 434); XVII, 37 (Rég. II, 26); XVI, 16 (Rég., II, 350), etc. Cf., sur cet usage de la mention *Undè suprà*, Wasserschleben, note sur le c. 171 du livre I de Réginon, et *Beitraege sur Geschichts der vorgratianischen Kirchenrechtsquellen*, p. 7.

(1) B., II, 28, 29 et 30 (c. de Tolède) = Rég., I, 415, 416, 414.

　　XI, 4 et 5 (c. d'Orléans)　=　— II, 414 et 415.
　　— 6 (c. de Tours)　=　— — 416.
　　— 7 et 8 (c. d'Orange)　=　— — 417 et 418.
　　XIX, 2 (*ex dictis Augustini*)　=　— I, 292.

On pourrait multiplier ces exemples.

(2) Si l'on veut juger du nombre de ces textes, qu'il me suffise de signaler un fait : dans la série 1-160 des chapitres du livre Ier de Réginon, il y a au moins treize fragments de capitulaires que Burchard a démarqués pour les transporter dans son *Décret*.

(3) M. Diedrich (*op. cit.*, p. 55) soutient que Burchard a cité parfois d'une manière expresse les capitulaires, et il invoque à titre d'exemple les chapitres suivants : II, 168; IX, 27; XVII, 10. — Or le premier de ces textes a pour *inscriptio* les mots : *Ex concilio apud Arvernas*, ce qui n'a rien de commun avec les capitulaires; les deux autres chapitres sont précédés de l'inscription : *ex concilio apud Vermeriam*, ce qui me paraît un moyen de donner

bien que les décisions des Carolingiens sont présentées comme
des décrétales de Papes ou des canons conciliaires. La même
observation doit être faite à propos de tous les textes de droit
romain accueillis par Burchard, quelle qu'en soit l'origine.

De tels faits, qui concernent sûrement plus de 150 chapitres
du *Décret*, ne sauraient s'expliquer par un pur hasard. Il faut
les imputer à un parti pris de ne point admettre dans le droit
ecclésiastique les lois promulguées par les princes séculiers.
D'ailleurs cette aversion pour le droit d'origine laïque se manifeste par d'autres traits ; j'aurai l'occasion d'en montrer la
trace dans certains remaniements des textes dont Burchard est
responsable.

2° Les *Capitula* des évêques de l'époque Carolingienne sont,
on l'a vu, une source assez importante du *Décret* de Burchard.
J'ai relevé dans le *Décret* 39 chapitres tirés de ces *Capitula*, qui
ne proviennent point de Réginon ni de l'*Anselmo dedicata* (1).
Or Burchard en a soigneusement caché la provenance en les
démarquant; il ne faisait d'ailleurs en cela que suivre l'exemple de Réginon qui avait démarqué les *Capitula* d'Hincmar en
les attribuant à des conciles de Reims et de Nantes. Il est probable que Burchard a cru que des textes tirés de lois exclusi-
vement diocésaines manquaient de l'autorité nécessaire pour
s'imposer aux autres diocèses ; c'est pourquoi il a estimé utile
de transformer ces textes en décrétales, en canons ou en extraits des Pères de l'Église.

Burchard a traité par le même procédé les onze textes qu'il
a empruntés aux *Capitula Angilramni*. Comme Angilramo
n'était qu'un évêque, le patronage qu'il donnait à ces *Capitula*
n'a pas paru suffisant. De même Burchard a donné des inscriptions de son choix aux textes tirés par lui de la compilation
insérée dans le recueil du faux Isidore sous le nom de *Capitula
Martini episcopi Bracarensis* (2); pour leur assurer une autorité
incontestée, il a cru devoir effacer la mention contenant le nom
de l'évêque de Braga (3).

---

une couleur ecclésiastique au capitulaire de Verberie. Il n'y a là aucune citation expresse de la législation séculière.

(1) Voir Iʳᵉ Étude.

(2) Hinschius, *Decretales pseudoisidorianae*, p. 423 et s.

(3) Exemple : I, 73, ex epist. Bonifacii papae (c. 7 de Martin de Braga);

3° J'ai eu l'occasion de montrer ci-dessus que Burchard entend se donner l'apparence de ne connaître que trois pénitentiels, le pénitentiel dit Romain, celui de Théodore et celui de Bède (1). Or on a vu qu'il a emprunté des textes à d'autres recueils, notamment à l'*Excarpsus* de Cummean, à l'*Excarpsus* d'Egbert, au pénitentiel de Saint-Hubert et aux pénitentiels de Raban Maur. Pour être fidèle à lui-même, il s'est fait une loi d'effacer la mention de ces divers recueils. Ici encore, il trouve l'occasion de donner à de nombreux textes une fausse attribution qui sûrement n'est pas due au hasard.

4° Plus d'une fois, Burchard a aussi éliminé systématiquement des *inscriptiones* de conciles. Vraisemblablement, ce n'est point par hasard que les quatre canons empruntés directement au vieux concile d'Auxerre ont perdu l'*inscriptio* qui les rattachait à ce concile (2). Ce n'est point non plus fortuitement que les huit canons des conciles italiens de Pavie (850) et de Ravenne (877) sont démarqués et attribués à des papes et à des conciles de pays gallicans (3). Enfin c'est sans doute

---

1. 137, ex concil. Spalensi, c. 8 (c. 8 de Martin); I, 215, ex decretis Martini, papae, c. 20 (c. 14 de Martin de Braga, déjà déguisé dans Réginon, I, 349) ; II 48, ex concil. Cabilonensi, c. 5 (c. 23 de Martin); X, 15, ex decretis Martiahs papae (c. 73 de Martin); X, 6, 19 et 20, ex concilio Braggarensi, 10 et 21 (c. 71, 73 et 74 de Martin); XIII, 20, ex concilio Turonensi (c. 57 de Martin), etc.

(1) Voir ci-dessus, Ire Étude.

(2) Quatre canons qui proviennent de concile d'Auxerre, portent les inscriptions suivantes : *ex concilio Urbico* (III, 226 et VIII, 101); *ex concilio Agathensi* (III, 236); *ex concilio Cabilonensi* (XIX, 131). Il faut remarquer que la désignation *Urbicanus* a été employée pour des décrétales dans certaines collections de l'époque franque, celles des manuscrits de Lorsch, d'Albi et de Cologne (Maassen, *Geschichte*, p. 236; cf. *Bibliotheca latina juris canonici manuscripta*, dans les *Sitzungsberichte* de l'Académie impériale de Vienne, classe de philos. et d'hist., t. LIV, p. 162). — Sur l'attribution de ce titre à des canons d'Auxerre, cf. E. Seckel, *Studien zu Benedictus Levita*, dans *Neues Archiv*, t. XXIX, p. 278.

(3) Concile de Pavie de 850. Les quatres canons empruntés à ce concile sont transformés en canons d'Orléans (I, 163), d'Orange (I, 165), de Paris (II, 226) et en une décrétale du pape Eusèbe (XIV, 7).

Concile de Ravenne, de 877. Les quatre canons empruntés à ce concile sont transformés, un en une décrétale du pape Damase (I, ...), ... décrétales du pape Honorius (I, 211 et XI, 49), le quatrième ... une décrétale du pape Eutychien (XI, 30).

P. F.

avec intention que Burchard effaça nombre d'attributions à
des conciles connus, mérovingiens ou carolingiens, pour les
remplacer par des attributions à des conciles plus célèbres dans
le pays rhénan, tenus à Mayence, à Worms ou à Tribur. De
même, quand il s'agit de textes tirés de l'*Hibernensis*, Burchard ne s'accommode pas des désignations quelque peu insolites
qu'il y rencontre en tête des décisions synodales, à savoir,
Synodus, *Synodus Hibernensis* ou encore *Synodus Alexandrina* (1). Vraisemblablement il croit que ces *inscriptiones* dérou-
teraient son lecteur, et préfère leur en substituer d'autres qui
lui semblent posséder une plus grande autorité.

5° Une conclusion analogue se dégage de l'examen des textes patristiques. Burchard, on le conçoit, n'éprouve aucun
scrupule à citer saint Grégoire, dont le nom revient souvent
dans son recueil, saint Augustin, saint Jérôme, saint Ambroise, saint Basile, Isidore de Séville et autres personnages
dont le nom retentit dans l'histoire ecclésiastique. Mais, quand
il s'agit d'écrivains d'une notoriété moindre, il n'hésite pas à
substituer à leurs noms des noms plus connus. Il rencontre
dans l'*Hibernensis* un texte de saint Patrice; il le transcrit en
l'attribuant à saint Basile (2). De même quand il reproduit le
traité *de magicis artibus* de Raban Maur (3), sans aucune considération pour les glorieux souvenirs de Mayence qui est sa
métropole, il l'attribue à saint Augustin (4). Il a fait un large
emprunt au traité de Ratramn de Corbie, *de veritate praedes-*

---

(1) *Synodus* est remplacé par *ex concilio Triburiensi cui Arnolfus rex interfuit* (B., II, 233) ou par *ex concilio Aurelianensi*, c. 2 (XII, 27); *Synodus
Hibernensis* par *ex concilio Aurelianensi*, c. 2 (I, 12), ou encore, conformément à l'exemple donné par Réginon (I, 331), par *ex concilio Elibertano*
(XIX, 155); cependant cette désignation est au moins une fois accueillie sans
modification par Burchard (XII, 25). Les mots *Synodus Alexandrina* sont
remplacés par *ex dictis Isidori* (VIII, 68). Les mots *Synodus Romana* sont
remplacés par *ex concilio Meldensi*, c. 2 (IX, 60).

(2) B., II, 78.

(3) B., X, 41-47.

(4) De même, il attribue (VII, 9) à Isidore de Séville un passage tiré de
la lettre de Raban Maur, à l'évêque Humbert, qu'il a d'ailleurs trouvé
dans le recueil de Réginon (II, 201), et cela parce que Raban y fait une
citation d'Isidore. Avant tout, Burchard s'est fait une loi de ne pas citer
Raban, qu'il en emprunte les textes à Réginon ou les puise directement
dans les œuvres de l'archevêque de Mayence.

tinationis; il se garde bien de prononcer son nom. Il en est de même de l'abbé de Saint-Mihiel Smaragde et de Walafrid Strabon. Je ne mentionne que pour mémoire l'attribution à saint Augustin du traité de Gennadius *de dogmatibus ecclesiasticis* et d'une homélie de saint Césaire d'Arles : car Burchard n'a fait sans doute, en en donnant la paternité à l'évêque d'Hippone, que partager une opinion commune au Moyen âge (1).

Des constatations dont le résultat vient d'être indiqué, il résulte que l'auteur a éliminé bon nombre d'*inscriptiones* sous l'empire d'idées nettement arrêtées, soit qu'il ne voulût point se donner l'apparence d'accueillir des textes extraits des lois séculières, de *Capitula* d'évêques ou de certains pénitentiels, soit qu'il fût curieux de placer en tête de ses chapitres des *inscriptiones* destinées, dans sa pensée, à les rattacher à des sources bien connues. Au surplus, j'aurai l'occasion de montrer plus tard, dans les textes insérés au *Décret*, des altérations inspirées par des idées analogues; c'est ainsi que l'auteur y efface volontiers certains passages qui font allusion aux lois séculières et à l'intervention du pouvoir laïque, et que, par une évidente interpolation, il ne reconnaît d'autorité qu'aux trois pénitentiels mentionnés dans la préface, à l'exclusion de tous les autres (2).

Remarquez d'ailleurs que Burchard, dans la liste des sources placée à la fin de sa préface, omet les recueils de droit séculier aussi bien que les *Capitula* d'évêques, et cite uniquement les trois pénitentiels auxquels j'ai fait allusion. Ainsi la rédaction de cette préface et certaines altérations des textes décèlent la même pensée que beaucoup des éliminations d'*inscriptiones* que nous venons de signaler. On en doit conclure

---

(1) Sur tous ces points, voir ci-dessus ce qui est dit des textes tirés des œuvres des Pères et des écrivains ecclésiastiques.

(2) J'ai déjà montré que le texte du c. 8 du livre XIX a été altéré par Burchard pour être mis en harmonie avec sa théorie qui consiste à n'admettre que trois pénitentiels; c'est la même pensée qui a inspiré l'altération de beaucoup d'inscriptions. Je montrerai plus tard que divers chapitres de Burchard (III, 53 = Rég., I, 39; IX, 33 = Ben. Lev., III, 396; XIII, 18 = Rég., I, 367; XV, 1 = Rég., II, 296) ont été amputés de passages qui faisaient allusion à la *regalis potestas*, au *bannus dominicus*, et d'une manière générale à l'action du pouvoir séculier; c'est précisément cette pensée qui a déterminé tant de falsifications d'*inscriptiones*.

que ces éliminations sont dues à la même main qui a rédigé
la préface et altéré les textes, c'est-à-dire à l'auteur du *Décret*;
il est donc impossible de les considérer comme résultant d'un
accident imputable au hasard (1).

Je ne saurais d'ailleurs méconnaître qu'à côté des altérations
d'*inscriptiones* dont le caractère tendancieux ne saurait être
méconnu, il est bon nombre d'altérations qui demeurent
inexpliquées. Pourquoi, par exemple, Burchard semble-t-il
accueillir ou biffer suivant sa fantaisie les noms de conciles
tels que ceux d'Elvire (2), d'Arles (3), de Laodicée (4), de
Tolède (5), de Braga (6), de Séville (7), d'Orléans (8), de Cha-

(1) Que Burchard ait sciemment altéré bon nombre d'*inscriptiones* du
Décret, c'est l'opinion, non seulement de Baluze (préface au recueil de Réginon : *Patrologia latina*, t. CXXXII, col. 181), mais de Wasserschleben,
(. . 6 de la préface à son édition des *Libri synodales* de Réginon, et *Beitraege
zur Geschichte der vorgratianischen Rechtsquellen*, p. 30) et de Maassen
(*Zur Geschichte......*, p. 199). Les considérations présentées par Mgr Schmitz
(*Die Bussbücher*, II, p. 179-186) en vue de justifier en partie Burchard ne
me paraissent nullement démonstratives. M. Diedrich (*op. cit.*, p. 56) les reproduit, et y ajoute un argument tiré d'une hypothèse formulée par
M. Hauck dans sa dissertation déjà citée (p. 76); d'ailleurs M. Hauck ne paraît pas lui-même très convaincu de la valeur de cette hypothèse. En tout
cas, M. Diedrich s'en autorise pour arriver à conclure que la question de
savoir dans quelle mesure Burchard est responsable des falsifications des
inscriptiones n'est pas, à l'heure présente, suffisamment élucidée pour que
des conclusions certaines puissent être proposées. Je crois qu'il n'est pas
besoin de tant hésiter; pour les raisons indiquées ci-dessus, je tiens que
Burchard est responsable d'un grand nombre de ces altérations; elles
sont l'œuvre de la même main qui a écrit la préface et altéré les textes
eux-mêmes. Un fait, signalé par M. Hauck, vient encore à l'appui de cette
opinion : Burchard (VIII, 18) attribue à pseudo-Pie un texte composite que
Réginon (II, 175) avait cru pouvoir attribuer au *concilium Africanum*; or ce
texte cite le pape saint Gélase. Pour le mettre en harmonie avec la fausse
inscriptio, Burchard a effacé dans le texte la mention de Gélase. Ici encore
l'*inscriptio* est l'œuvre de la main qui a remanié le texte.

(2) IX, 66, c. 76 d'Elvire, remplacé par Mayence.

(3) II, 47, c. 2 du 1er c. d'Arles, remplacé par Orléans.

(4) I, 9, c. 12 de Laodicée, remplacé par Orléans, c. 12.

(5) I, 45, c. 15 du 11e c. de Tolède, sous le nom d'*Arvernense*. Cependant
Burchard (XV, 36) remplace *Arvernense*, c. 5, par Lyon, c. 5.

(6) I, 111, c. 5 du 2e c. de Séville, remplacé par Braga.

(7) I, 83, c. 9 du 2e c. de Séville, remplacé par Braga.

(8) I, 46, c. 1 d'Orléans, ann. 633, remplacé par Meaux; IV, 87, c. 30
d'Orléans, ann. 541, remplacé par *Arvernense*.

lon (1), de Tribur (2), sans parler de beaucoup d'autres? A
dire vrai, l'auteur du *Décret* paraît absolument indifférent à la
préoccupation de citer exactement les textes, même alors que
la citation exacte ne heurterait aucune de ses tendances. Souvent volontaires, parfois aussi fortuites, les erreurs d'*inscriptiones* pullulent dans le *Décret*; il ne me paraît pas exagéré de
dire que leur nombre ne doit pas être inférieur au tiers de la
somme totale des chapitres qui composent la compilation de
l'évêque de Worms.

Deuxième section. — Les « inscriptiones » imaginées par Burchard.

Après avoir constaté que Burchard a démarqué un grand
nombre des textes recueillis par ses soins, il est intéressant
de rechercher les *inscriptiones* qu'il a substituées à celles qu'il
effaçait. Or Burchard, d'après sa préface, se donne pour n'avoir
composé sa collection que de décrétales des Papes, de canons
des conciles, de décisions tirées de trois pénitentiels, de fragments extraits soit de la Bible, soit de quelques Pères de
l'Église. Aussi, quand il démarque des textes, il faut qu'il les
présente au lecteur comme des décrétales, des canons, des
fragments de l'un des trois pénitentiels admis par lui ou des
passages des Pères. C'est ainsi que l'on peut dégager dans son
Décret quatre groupes d'apocryphes sur chacun desquels j'ap-
pellerai successivement l'attention du lecteur.

I. — Décrétales apocryphes des Papes.

Les décrétales apocryphes des Papes que Burchard a lancées
dans la circulation sont très nombreuses. Les auteurs des *Regesta
Pontificum Romanorum* en ont signalé beaucoup; mais ils ont
eu le tort de les faire remonter seulement au *Décret* d'Yves de
Chartres. En réalité ils eussent dû les rechercher jusque dans

(1) Burchard insère souvent des canons de Chalon sans les démarquer;
cependant au livre VIII, c. 59, 93, 94 et 95, il attribue au concile de Mayence.
les c. 52, 7, 53 et 61 du concile tenu à Chalon en 813.
(2) II, 15; le c. 35 de Tribur devient un canon d'Ilerda; VIII, 35 et VIII,
38 (canons 25 b et 23 de Tribur) deviennent des canons d'Orléans. Je ne cite
ici que des exemples; l'énumération complète serait très longue.

le *Décret* de Burchard; car c'est l'évêque de Worms qui en est responsable; Yves n'a fait que les lui emprunter.

Je donne ci-dessous la liste, aussi complète que possible, de ces fausses décrétales dont j'en ai relevé une centaine. J'ai pris soin d'indiquer la véritable origine du texte, après m'être livré à un travail d'identification qui, pour beaucoup de ces apocryphes, n'avait pas été fait; j'ai aussi ajouté le renvoi aux *Regesta Pontificum Romanorum*, lorsque mention de l'apocryphe a été faite dans ce recueil.

BURCHARD.	PSEUDO-ÉVARISTE.	REGESTA.
III, 27	Pénit. de Théodore, II, 3, 6.	22
XVIII, 16	*Capitula* de Hérard de Tours, 59.	23
	PSEUDO-ALEXANDRE.	
1, 59	c. 17 du c. d'Orléans, 549 (1).	28
XVI, 15	Pseudo-Fabien, lettre II : Hinschius,	
	p. 165 (2).	30
XIX, 160	*Capitula* de Hincmar, an. 852, 13 (3).	27
	PSEUDO-HYGIN.	
III, 11 et 12 —	*Excerptiones Egberti*, c. 139 (4).	39
21	Capitulaire de Worms, an. 829, c. 3 (5).	38
39	Pénit. de Théodore, II, 1, 3.	40
IV, 24	*Ibid.*, II, 4, 8.	41
	PSEUDO-PIE	
III, 72	c. 13 du XI° c. de Tolède.	53

(1) Provient du 3° appendice de Réginon, c. 41.

(2) Provient probablement du 3° appendice de Réginon, c. 62, qui l'attribue à un concile d'Afrique.

(3) Provient de Rég., I, 315, où l'origine n'est pas indiquée exactement. La fausse attribution donnée par Burchard tient à ce que le c. 213 de Réginon est tiré du pseudo-Alexandre.

(4) Ce texte, d'origine inconnue, était répandu au x° siècle; il figure dans la collection en cinq livres du Vatic. 1349, III, 49, 50, et dans la collection contenue dans le manuscrit IX, 32 de Saint-Pierre de Salzbourg, du x°-xi° s., analysé par Phillips, *Sitzungsberichte* de l'Académie impériale de Vienne, classe de philos. et d'hist., t. XLIV, p. 437 et s. Il est attribué dans ces recueils au pape Vigile : cette attribution est aussi apocryphe. Comme je l'ai dit dans la I° Étude, il me semble très douteux que les *Excerptiones Egberti* soient une source du *Décret*.

(5) Rég. I, 40.

(1) I, 77 de l'édit. des Bénédictins.

(2) Rég. (I, 342) donne ce texte en l'attribuant au concile de Nantes.

(3) L'attribution de ce décret à saint Pie avait été accueillie dans les leçons du Bréviaire romain (11 juillet); elle a disparu par l'effet d'une correction récente.

(4) Rég., II, 15. Burchard a démarqué le texte qu'il a d'ailleurs altéré pour effacer les mentions décelant l'autorité temporelle dont il émane.

(5) Texte composite : ex concilio *Africano* d'après Régino.

(6) Texte d'origine pénitentielle, auquel Burchard a fait des additions considérables.

(7) Vraisemblablement pris dans Ben. Lev., addit. III, 67.

(8) Y figure comme tiré des conciles d'Ancyre et Néocésarée. Cette double attribution a peut-être déplu à Burchard.

(9) Burchard a substitué Soter à Bède.

(10) Rég., App., II, 21.

(11) Rég., I, 335.

(12) La dernière phrase, *Si autem propinior...*, est composée de toutes pièces.

(1) Rég., I, 158.
(2) Texte pénitentiel.
(3) Cf. Ben. Lev., III, 243 et 242.
(4) Boretius-Krause, *Capitularia*, t. II, p. 42. — Peut avoir été emprunté à Ben. Lev., add. II, 18.
(5) Concile de 277 évêques : Hinschius, p. 450.
(6) Cf. Ben. Lev., II, 93; von Hörmann, *Quellanfälle*, t. II, p. 97, note 1.
(7) Attribué à tort par Réginon au pape Zacharie.
(8) Probablement emprunté à Rég., I, 296.
(9) L'identité entre le texte de Burchard et celui d'Isidore n'existe que pour la première moitié du texte ; ensuite on constate des divergences.

(1) Se retrouve dans le court traité *De compositione annxilialis et sacrilegii* publié par Schmitz, *Die Bussbücher und die Bussdisciplin*, p. 748; rien ne prouve que cet écrit soit antérieur à Burchard. Notre texte inspire évidemment le c. 17 du titre IV du pénitentiel dit romain qu'a publié Antoine Augustin (*Canones poenitentiales*, Venise, 1584, p. 43); mais ce recueil procède de Burchard. Je suis donc amené à ranger notre texte parmi les fragments d'origine inconnue.

(2) Texte tiré des Capitulaires (Boretius, t. I, p. 122, nᵒ 4).

(3) Vraisemblablement puisé dans le recueil de Réginon, I, 195.

(4) Cf. von Hörmann, *Quasiaffidi*, t. II, p. 182, note 1.

(5) Cf. E. Seckel, *Studien zu Benedictus Levita*, dans *Neues Archiv*, t. XXIX, p. 318, note 2.

(1) Probablement tiré de Rég., I, 245.
(2) Probablement tiré de Rég., II, 212.
(3) Voir Ire Étude.
(4) Paraît procéder de S. Grégoire, *Moralia*, XVII, c. 2, a. 5. — Est attribué par Burchard à S. Grégoire.
(5) Texte emprunté à Réginon (I, 237), qui a déjà altéré l'inscriptio dont il a fait un *decretis Martini papæ*.

PSEUDO-PASCAL Ier.

VIII, 31   Texte d'origine inconnue.

PSEUDO-EUGÈNE II.

IV, 49   *Capitula* de Théodulphe, c. 17.   6

PSEUDO-NICOLAS Ier.

IX, 28   *Lex Romana Visigothorum, Sententiae*
                Pauli, II, 19, 7, *Interpretatio* (1)   2711

PSEUDO-JEAN (?)

XI, 22   c. 60 du c. de Meaux, an 845 (2).

PSEUDO-MARTIAL (?)

X, 15   *Capitula* de Martin de Braga, 73.

II. — Canons apocryphes de conciles.

J'en viens aux fausses indications de conciles dont Burchard
s'est servi pour démarquer les textes. Les canons apocryphes
qu'il a ainsi créés sont extrêmement nombreux; on en compte
sûrement plusieurs centaines. L'évêque de Worms a montré
une préférence accusée pour les conciles de l'époque carolingienne; je me suis efforcé de dresser une liste des canons apocryphes de cette époque qu'il a lancés dans la circulation. Mais
ce serait une erreur de croire qu'il n'a pas employé d'autres
étiquettes pour dissimuler ses textes. C'est ainsi qu'on trouve
dans son recueil (je ne cite que quelques exemples) de faux
canons de Gangres (3), d'Ancyre (4), de Tolède (5), de Se-
ville(6), de Braga(7), d'Ilerda(8), d'Arles(9), d'Agde(10), d'O-
range(11), de Clermont(12), d'Orléans et de beaucoup d'autres

(1) Probablement tiré de Réginon, II, 129.
(2) Probablement tiré de Réginon, II, 289.
(3) II, 156.
(4) X, 1.
(5) II, 23, 31; III, 123; VIII, 7; IX, 37, etc.
(6) I, 102, 106, 107, 213, 214, etc.
(7) I, 80, 111 et s.
(8) II, 15, 124; IX, 4, etc.
(9) IX, 6, etc.
(10) II, 116, 181; III, 216, etc.
(11) I, 105; XVI, 2
(12) I, 43, 67.

assemblées antérieures à l'époque carolingienne; il convient d'a-
jouter que Burchard a manifesté une prédilection spéciale pour
les conciles d'Orléans, auxquels il attribue de nombreux textes
qui leur sont absolument étrangers (1).

Sans insister sur les apocryphes attribués à des conciles anciens, j'en viens à ceux que Burchard a tenté de rattacher à
des assemblées de l'époque carolingienne. Je les ferai connaître en suivant, autant que possible, l'ordre chronologique.

1° Burchard présente comme des conciles, à l'exemple de
Réginon, les assemblées de Compiègne et de Verberie (2); en

---

(1) Je crois utile de montrer, par des citations plus nombreuses, l'usage
fréquent que Burchard a fait de l'inscription mentionnant, à faux, le concile
d'Orléans.

B.,   I, 9 = Laodicée, 12.
          12 = *Hibernensis*, XXXVII, 2ᵉ, b.
          103 = c. 1 du c. de Paris (859).
      II, 24 = Rég., I, 392 (*caput incertum*).
          38 = c. 8 du c. de Géronde.
          47 = c. 2 du 1ᵉʳ c. d'Arles.
          79 = *Capitula* de Haiton de Bâle; 3.
          132 = Anseg., I, 2.
          203 = Ben. Lev., III, 211.
          212 = Anseg., I, 64 (tiré de Rég., I, 176).
          214 = Ben. Lev., III, 245.
     III, 13 = Pénit. de Théodore, II, 1, 5.
          14 =   —   II, 1, 4 et 5.
          78 = Anseg., I, 6 (Rég., I, 197).
          149 = *Capitula* de Hérard de Tours, 65.
      IV, 60 = *Capitula* de Hérard de Tours, 75.
       V, 12 = Rég., I, 72 (*caput incertum*).
          50 = *Excarpsus Commeani*, XIV, 13.
          51 =   —   XIII, 7 et s.
   VIII, 33 = c. 25 du c. de Tribur (Rég. II, 178).
          38 = c. 23 du c. de Tribur, avec addition à la fin.
    XIII, 7 = Rég., I, 290 (*caput incertum*).
      XV, 3 = 27 du c. de Tours, an. 567.

On pourrait prolonger cette liste; les exemples donnés suffisent à montrer
l'usage fait du vocable : concile d'Orléans.

(2) Je cite l'assemblée de Verberie après celle de Compiègne pour me
conformer à l'ordre de l'édition des *Capitularia* de Boretius-Krause. On sait
que, si la date de l'assemblée de Compiègne est certaine (elle fut tenue en
757), il n'en est pas de même de celle de Verberie, qui, suivant les opinions,
est donnée comme antérieure ou postérieure à celle de Compiègne. Je ne prétends pas ici trancher la question; on lira avec intérêt la note écrite sur ce

cela, il ne mérite, à mon sens, aucune critique, car l'approbation de Pépin le Bref ne paraît pas avoir enlevé aux résolutions prises par les évêques à ces assemblées leur caractère de décisions synodales (1). Toutefois, il faut remarquer que, tandis que Réginon se borne à rattacher le concile de Verberie à l'époque de Pépin le Bref, il arrive à Burchard d'y mentionner la présence du roi carolingien : *Ex concilio apud Vermeriam, cui interfuit Pippinus Rex* (2)

A côté de textes authentiques de l'assemblée de Compiègne (3), on rencontre dans le *Décret* des textes qui lui sont faussement attribués, ainsi :

B., II, 81   =   c. 37 du c. de Mayence, an. 813.
B., IV, 74   =   Pénit. de Théodore, II, 2, 13.
    IX, 81   =   Ben. Lev., I, 153 (4).
    XI, 12   =   c. 8 du capitulaire de Carloman, an. 884 (5).

Il en est de même en ce qui concerne l'assemblée de Verberie (6), comme le prouvent les constatations suivantes :

B., VI, 42   =   c. 11 du c. de Mayence de 852 (7).
    IX, 27   =   Ben. Lev., I, 20.
    XVII, 13 =   c. Tribur, 45 (Rég., II, 211).

_____

point par M. von Börmann, *Quellisffentliet*, t. II, p. 394-395, qui se prononce pour l'opinion déjà la risque par M. Vermieghoff (*Verzeichniss der Akten fränkischer Synoden von 742-843 dans Neues Archiv*, t. XXIV, p. 463) d'après laquelle l'assemblée de Verberie serait de 756.

(1) C'est une opinion généralement admise; voir les renseignements donnés sur cette question par M. von Börmann, *loc. cit.*

(2) B., IX, 28.

(3) B., IX, 42 et IX, 47 (tirés de Réginon). On y rencontre ainsi des canons de Compiègne démarqués : ainsi XVII, 7, attribué par Burchard au concile de Tribur, et XVII, 12, attribué à un concile de Mayence. Ce sont les canons 16 et 17 de Compiègne.

(4) Probablement Burchard a pris dans le recueil de Bisoñ ce texte qui est en réalité le c. 3 du concile de Mayence de 813.

(5) Tiré sans doute de Réginon, II, 292. Burchard a supprimé la mention de *fideles nostri* qui aurait trahi le capitulaire.

(6) Burchard cite nombre de décisions authentiques de Verberie, qu'il a dû emprunter à Réginon : cf. *Décret*, VI, 44; IX, 28, 41, 46, 54; XVII, 3, transformé en un canon d'Orléans; XVII, 10 et 11. Le texte du c. 28 du livre IX est altéré. Le c. 46 du livre IX est attribué à un concile de Reims.

(7) Rég., II, 96; c'est Réginon qui a fourni ce texte à Burchard. Réginon l'attribue correctement au concile de Mayence.

14 = c. Tribur, 44 (Rég., II, 212).
XVII, 12 = c. 17 de Compiègne (1).

2° Burchard, chef d'une église qui dépendait de la métropole de Mayence, a souvent attribué à des conciles de Mayence
des canons qui ne leur appartenaient pas (2); probablement il
avait surtout en vue le concile important qui fut tenu en cette
ville au cours de l'année 813. En voici des exemples :

B., III, 102 = Ben. Lev., III, 279.
    III, 133 — Walafrid Strabon, de exordiis et incre-
                    mentis rerum ecclesiasticarum, c. 28.
    IV, 95 = Pénit. de Théodore, II, 4, 11.
    VIII, 59 = c. 62 du c. de Chalon, an. 813.
        92 = c. 17 du c. de Reims, an. 813.
        93 = c. 7 du c. de Chalon, an. 813.
        94 = c. 53   ibid.
        95 = c. 61   ibid.
    IX, 69 = c. 70 du c. d'Elvire (3).
    XIX, 96 = c. 12 du c. de Reims, an. 813.
        97 = c. 13   ibid.
        96 = c. 16   ibid.

3° Burchard a attribué des canons à une assemblée d'évêques tenue du temps de Charlemagne à Aix-la-Chapelle, à savoir :

B.,   I, 218 — Ben. Lev., III, 123 (4).
      219 —   Ibid.,   141.
  III, 15 — Anseg. I, 81,
  III, 22 — Texte d'origine incertaine.

Il a usé pour les deux premiers textes de l'inscriptio suivante : Capitulum Caroli imperatoris de episcopis Aquisgrani collaudatum. Ce mot collaudatum indique peut-être, sous la plume
de Burchard, l'approbation, par l'autorité ecclésiastique, des
décisions émanant du pouvoir séculier, et fait disparaître ainsi

(1) Attribué à l'assemblée de Verberie par Burchard, d'après Réginon, II,
230.
(2) Il est vrai qu'il a parfois démarqué des canons de Mayence : on vient
d'en donner un exemple à propos de l'assemblée de Verberie.
(3) Probablement tiré de Réginon, II, 139.
(4) C'est le préambule du capitulaire de Charlemagne de 769 : Boretius-Krause,
t. I, p. 44.

le vice originel, dont, aux yeux de Burchard, elles étaient in-
fectées.

4° Burchard a aussi inséré dans son œuvre des canons apocryphes de Reims, qu'il ne rapporte pas au concile tenu en 813
dans cette ville; en effet, dans une *inscriptio* (II, 239) il fait
allusion à la présence de Louis le Pieux qui aurait assisté à
l'assemblée :

B., II, 26-30 — Rég., I, 414-418 (*capitula incerta*).
        113 — c. d'Agde, 11.
        188 — *Capitula proposita* de 802, c. 20.
        239 — Rég., I. 250 (c. 75 du concile de Meaux).
    IV,   68 — Pénit. de Théodore II, 2, 1.
    VIII,   84 = *Ibid.*, II, 7, 1 et 2 (1).
    IX,   46 — c. 21 de Verberie (2).

5° Il est possible que d'après les intentions de Burchard, il
faille reporter au concile tenu à Paris en 829 les quelques
apocryphes qu'il a attribués à un concile de Paris, par exemple :

B., VI, 14 = c. 9 du c. de Reims, an. 630 (3).
    XVI, 20 = Ben. Lev., III, 101.
    XVII, 59 — Raban à Regimbald, c. 2 (4).

6° Je serais tenté de penser que Burchard a voulu attribuer
au concile tenu à Lyon en 829 les apocryphes suivants, qu'il
a placés sous le nom d'un concile de Lyon :

II, 77 — *Capitula* de Halton de Bâle, 8.
    III, 24 — Pénit. de Théodore, II, 6, 6.
    IV, 56 = *Canon. Apostol.*, 47.
        72 = Ben. Lev., add. III, 7.
    XV, 86 = c. 5 du c. *Arvernense.*

7° Au règne de Louis le Pieux appartiennent divers conciles de Thionville dont on ne connaît point de canons. Burchard
usa de cette désignation pour démarquer plusieurs textes empruntés par lui au recueil de Benoît le Diacre, à savoir :

(1) Le texte de Burchard est amplifié.
(2) Cf. Wasserschleben, *die Bussordnungen*, p. 209, notes 4 et 5; Schmitz,
t. II, p. 573.
(3) Rég., II, 126.
(4) Texte qui est aussi le c. 11 du concile de Clichy de 626 ou 627. Figure
déjà dans Rég., II, 11, avec l'attribution au concile de Paris.

B., III, 194 = Ben. Lev., II, 168.

IV, 90 = — III, 286.

VII, 12 = — III, 432.

XVI, 4 = — II, 397.

8° C'est enfin au même règne que Burchard fait remonter des canons apocryphes attribués par lui à un concile de Senlis auquel Louis le Pieux aurait assisté (1).

B., III, 164. Ex concilio apud

Sylvanectim praesente Ludovico rege = Anség., II, 29.

165   = — 30 (2).

9° Les historiens des conciles admettent assez généralement qu'une assemblée conciliaire fut tenue à Rouen, vers l'époque de Louis le Pieux. Aussi convient-il de rechercher ici les traces que nous en pouvons trouver dans le *Décret*.

On y rencontre, en premier lieu, six canons de Rouen qui figurent déjà, avec la même attribution, dans le recueil de Réginon (3). Il est permis d'en conclure que Burchard les a extraits de ce recueil.

On y trouve en outre dix autres canons de Rouen, tous apocryphes, dont je crois utile de reproduire la liste en indiquant l'origine de chacun :

B., I, 81 = Anseg., I, 40.

122 = Ben. Lev., III, 126.

III, 114 = Rég., I, 276 (sans attribution dans Réginon).

(1) Rég., II, 61, sous le nom de Raban, que Burchard n'a pas manqué d'effacer.

(2) Ces textes (Novelles de Julien, VII, c. 1 et 2), reproduits par le capitulaire d'Ingelheim, figurent dans Réginon, II, 372 et 375 ; c'est de ce recueil que Burchard les a tirés. Cf. Anseg., II, 29 et 30.

(3)   B., I, 90 = Rég., II, 1.

II, 71 = — —, 420.

239 = — —, 395.

III, 76 = — I, 202.

227 = — —, 203.

VIII, 66 = — II, 165.

Ces six canons reproduisent respectivement les canons 16, 14, 15, 2, 1 et 19 du concile de Rouen de date incertaine, qui figure dans les collections de conciles (Cf. Hardouin, t. VI, I, p. 306 et s.; Mansi, t. XIV, col. 197 et s.). Il y a de légères différences, pour les deux derniers canons, entre Burchard et Réginon : or, en ce cas, le texte de Burchard s'accorde toujours avec celui des collections de conciles, et non avec celui de Réginon.

150 = c. 3 du c. de Mayence (852), depuis les mots *sed quid.*

IV, 39 = Gennadius, *de dogmatibus ecclesiasticis*, c. 52.

VIII, 53 = *Relatio episcoporum*, an. 829 (1), c. 47 et 48, ou Ben. Lev., III, 172.

X, 17 d'après Rég., p. 213, n. 51.

X, 18 d'après Rég., p. 212, n. 44.

XI, 42 = Anseg., I, 1.

XIX, 119 fait d'après *Excarpsus Cummeani*, VI, 8 (2).

Enfin, Burchard a encore inséré dans son *Décret*, en les attribuant au concile de Rouen (XI, 2 et 3) deux formules d'excommunication qu'il a trouvées, sans aucune indication d'origine, dans la collection de Réginon (II, 40).

Ainsi nous constatons dans le *Décret* de Burchard la présence de seize canons de Rouen, sans compter les deux formules d'excommunication.

Or ces seize canons constituent, à eux seuls, la série des décisions synodales, que, le premier, Pommeraye a publiées dans ses *Concilia Ecclesiae Rothomagensis* (3) comme les canons d'un concile de Rouen. Ces canons ont passé ensuite, avec cette attribution, dans les recueils conciliaires, et ont souvent été attribués au temps de Louis le Pieux. L'éditeur déclare les avoir trouvés dans un manuscrit ancien de l'abbaye du Bec (4).

Ce qui vient d'être dit suffit à démontrer que les seize canons du manuscrit du Bec ne forment point un tout homogène qui puisse être rattaché à l'époque de Louis le Pieux, ou, comme certains l'ont pensé, à une époque antérieure. En ef-

---

(1) Boretius-Krause, *Capitularia*, t. II, p. 42, n. 17.

(2) Ces canons reproduisent respectivement les canons 11, 8, 7, 3, 5, 9, 13, 4, 6 et 2 des collections conciliaires. La seule divergence de texte à noter concerne le c. 9 (B., VIII, 33). On lit dans le *Décret* : Statutam est viduas non debere velare se, incassato episcopo, et dans les collections : Statutam est viduas non debere velari. — Le *Décret* reproduit ici sa source, le c. 47 de la *Relatio episcoporum*; c'est le texte des collections conciliaires qui en diffère.

(3) Sur la bibliographie de ce concile, cf. A. Werminghoff, *Verzeichniss der Akten fränkischer Synoden von 742-843*, dans *Neues Archiv*, t. XXIV, p. 192. Pommeraye a publié son recueil en 1677.

(4) *Ex veteri codice manuscripto Beccensi.*

fet, nous y ·avons distingué une première série de six canons.
figurant dans les collections de Réginon et de Burchard, et une
seconde série de dix canons qui ne se retrouvent que dans
l'œuvre de Burchard; or cette seconde série comprend au
moins deux apocryphes (B., X, 17 et 18) procédant de textes
de Réginon, c'est-à-dire postérieurs à son œuvre et datant
au plus tôt du x° siècle. A mon avis, il y a beaucoup de chances
pour que cette seconde série ait été confectionnée par Burchard,
dont elle reproduit les sources accoutumées, capitulaires, *Relatio* des évêques de 829, concile de Mayence, *Excarpsus* de
Cummean, recueil de Réginon. Ainsi Burchard aurait ajouté
dix pseudo-canons de Rouen aux six canons portant cette
inscriptio qu'il avait trouvés dans la collection de Réginon,
sans compter les deux formules d'excommunication auxquelles
il a assigné la même provenance.

L'origine de la série des seize canons du manuscrit du Bec
peut d'ailleurs s'expliquer facilement : après la publication du
Décret, un compilateur, curieux des textes du droit canonique
normand, a sans doute détaché du *Décret* les seize canons de
Rouen qui y sont contenus, en négligeant les formules d'excommunication qu'il ne pouvait considérer comme des canons
de conciles, et les a réunis en une série qui est celle du Bec.
Ce qui confirme cette opinion, vraisemblable pour plus d'un
motif, c'est que dans les deux cas où se produisent des divergences entre le texte de l'un des six canons de la première
série donnée par Réginon et le texte de Burchard, l'auteur de la
série du Bec suit le texte du *Décret*; il a donc vraisemblablement puisé ces textes dans le *Décret*. En un cas seulement,
pour l'un des canons qui ne se trouvent que dans l'œuvre de
Burchard, il s'est permis de modifier le texte du *Décret*, et,
du même coup, la règle disciplinaire, d'ailleurs très contestée,
qui y était contenue (1).

(1) Pour ces divergences de textes, voir ce qui a été dit plus haut, p. 112,
note 3 et 113, note 2. Il appartiendra à la critique d'apprécier la valeur de
la série de six textes transmis par Réginon à Burchard comme provenant d'un
concile de Rouen. L'affirmation de Réginon n'est peut-être pas une garantie
suffisante, lorsqu'elle n'est pas corroborée par d'autres indications. Au surplus, la plupart de ces soi-disant canons présentent plutôt l'aspect de chapitres
de statuts diocésains : Réginon pourrait bien les avoir démarqués, comme il

10° Burchard ne s'est pas contenté de recueillir un certain nombre de canons authentiques du concile tenu à Beauvais en 845 (1); il a en outre attribué à ce concile un fragment tiré du pénitentiel de Théodore, à savoir :

B., IV, 94 = Pénit. de Théodore, II, 4, 7.

11° A côté des nombreux textes authentiques qu'il a tirés de l'important concile tenu à Meaux en 845, et qu'il a d'ailleurs empruntés pour la plupart à Réginon, Burchard a faussement attribué à ce concile nombre de chapitres de son *Décret*, à savoir :

B., II, 213 = Rég., I, 278 (*caput incertum*).
III, 151 = *Capitula* de Théodulphe, 9.
IV, 13 = *Capitula* d'Hincmar, an. 852, 8 (2).
IV, 67 = *Relatio episcoporum*, an. 829, c. 6 (3).
75 = Anseg., I, 156 (4).
79 = — — 93 (5).
VII, 16 = Incertain, mais sûrement apocryphe (6).
IX, 61 = *Hibernensis*, XLVI, 29.
68 = Rég., II, 135 (texte pénitentiel).
X, 35 = c. 35 du c. d'Elvire.
XI, 13 = c. 5 du capitulaire de 884 (7).
XI, 45 = c. 6 du même capitulaire (8).
XV, 31 = Ben. Lev., II, 122.

semble avoir démarqué les *Capitula* d'Hincmar pour les transformer en canons de Nantes. D'ailleurs, on connaît au moins un autre canon apocryphe de Rouen, qui a circulé en Allemagne au xᵉ siècle et n'a point été utilisé par Burchard ; c'est le texte sur la juridiction synodale (*Concilio Rodomacensi*, cap. XXV), contenu dans le manuscrit de Saint-Pierre de Salzbourg, IX, 32, et publié par Phillips, dans son étude sur ce manuscrit (*Sitzungsberichte* de l'Académie impériale de Vienne, classe de philos. et d'hist., t. XLIV, p. 501). M. Koeniger tient ce texte pour rédigé vers 830 ou 840 (*Die Sendgerichte in Deutschland*, t. I, p. 35, 71 et s.), et le reproduit en appendice, p. 203. Il semble enclin à en admettre l'authenticité, qui me paraît très contestable.

(1) B., III, 166 = Rég., I, 374.
167 = — 375.
168 = — 376.
169 = — 372.
175 = — 377.
(2) Réginon (I, 274), l'a fourni à Burchard après l'avoir démarqué.
(3) Boretius-Krause, t. II, p. 40, c. 6; cf. Ben. Lev., addit. II, 67.
(4) Rég., I, 76.
(5) Rég., I, 77.
(6) Cf. Berardi, *Gratiani canones genuini*, t. I, p. 478.
(7) Rég., II, 290.
(8) Rég., II, 291.

12° Non seulement Burchard a fait usage des textes authentiques du concile tenu en 853 à Saint-Médard de Soissons, mais il a rattaché à ce concile nombre de fragments apocryphes, placés sous une *inscriptio* qui mentionne la présence de « l'empereur Charles » à cette assemblée. Remarquez que cette mention est inexacte; car Charles le Chauve n'était point empereur, mais seulement roi des Francs de l'Ouest, quand il assista au concile de Soissons.

Voici l'indication d'un certain nombre d'apocryphes qui portent l'étiquette de ce concile :

    B.,   I, 228   = c. 28 du c. de Meaux (845).
        II,   82 ⎱
            83 ⎰ = Anseg., I, 75 (1).
            84 ⎰
            85 = Ben. Lev., I, 153 (2).
      III, 175 = c. 6 du c. de Beauvais (845) (3).
      XI, 21   = c. 7 du c. de Gangres (4).

13° Burchard, qui s'est servi d'après Réginon des canons de concile de Worms de 868, a inventé de nombreux apocryphes de Worms, à savoir :

    B.   III.   7 = Capitulaire de Salz, an. 803, 3 (5).
           52 = Anseg., 1, 85 (6).
      IV, 28 = Ben. Lev., III, 175 (7).
         40 =   —   — 403.
         59 =   —   — 177.
         62 = *Capitula* de Hérard de Tours, 137.
    V, 2 (en partie) = Gennadius, *de dogmatibus ecclesiasticis*,
                   42 (8).
    V, 10 = Anseg., I, 155 (9).

---

(1) *Admonitio generalis* de Charlemagne (789), c. 81 ; cf. Boretius-Krause, t. I, p. 61. — Ces trois chapitres se trouvent dans le recueil de Réginon, 1, 363, 364 et 365.

(2) Rég., I, 366.

(3) Boretius-Krause, t. II, p. 404, n° 22; Rég., 1, 377.

(4) Rég., II, 137, avec l'inscription : *in canonibus scriptum*.

(5) Rég., I, 37.

(6) Rég., I, 24.

(7) Cf. E. Seckel, *Studien zu Benedictus Levita*, dans *Neues Archiv*, t. XXIX, p. 312, note 3.

(8) Rég., I, 348.

(9) Rég., I, 78.

XVI, 32 = *Capitula Angilramni*, 50.
XVII. 57 = Rég., II, 88 (*caput incertum*) (1).

14° Je me figure que c'est à l'un des conciles tenus à Cologne
en 870, 873, 877 que, dans la pensée de Burchard, se rattachent les apocryphes suivants, qu'il attribue à un *concilium
Aggripinense* :

    B. III, 38 = Pénit. de Théodore, II, 1, 2 (2).
             51 = Capitulaire de Thionville, 17 (3).
            135 = *Capitula* de Haiton de Bâle, 15.
    VII, 15 = Ben. Lev., add. IV, 74.

15° C'est au concile de Metz de 888 que Burchard a sans
doute rapporté les apocryphes suivants :

    B. III, 42 = Ben. Lev., add. III, 51 (4).
           134 = Capitulaire de Worms, 7 (5).
           197 = Ben. Lev., II, 198.

16° Burchard a mis dans la circulation un certain nombre
d'apocryphes qu'il a attribués au concile de Tribur de 895, à
savoir : (6).

    B. II, 204 = *Capitula Angilramni*, 14.
            207 = Ben. Lev., *Add.*, III, 31.
            233 = *Hibernensis*, XL, 15, c. (7).
            236 = C. 19 du c. de Mayence, an. 888.
            237 = *Capitula Frisingensia*, 6.
        III, 56 = C. 9 du c. de Mayence, an. 888.
        VI, 6   = Capitulaire apocryphe de Thionville (8).
            11   = Ben. Lev., I, 186 (9).

(1) On peut, à la lecture de Réginon, croire ce texte dépendant de la *Lex
Romana*, ce qui est contraire à la réalité.
(2) Cf. Ben. Lev., I, 111.
(3) Boretius-Krause, t. I, p. 125.
(4) C. de Châlon (813), 36.
(5) Rég., I, 40.
(6) Les indications que je donne sur ce point s'accordent, dans la plupart
des cas, avec celles que donne M. V. Krause, dans la liste imprimée au
tome II des *Capitularia*, p. 396.
(7) Cf. Seckel, *Zu den Akten der Triburer Synode*, dans *Neues Archiv*,
t. XX, p. 302.
(8) Boretius-Krause, t. I, p. 368.
(9) Rég., II, 41.

34 = C. 30 du c. de Worms (868) (1).

VII, 96 = *Excerptiones Egberti*, 64 (2).

99 ⎱
⎰ = Capitulaire de Salz, an. 803, c. 6 et 7.
100 ⎱

X, 25 = Rég., II, 386 (sans attribution).

XI, 74   à rapprocher du c. 14 du c. de Metz, an. 888.

XV, 9 = *Capitula Angilramni*, 36.

XVI, 20 = Ben. Lev., III, 101.

XVII, 7 = Reg., II, 221 ⎱

17   217 ⎰ avec l'attribution au concile

18   218 ⎱   de Verberie (3).

25   C. 55 du c. de Mayence, an. 813 (4).

XIX, 157 = Pénit. de Théodore, I, 14, 20 (5).

Ainsi le *Décret* a mis en circulation vingt et un canons apocryphes du concile de Tribur.

17° Les textes du *Décret* de Burchard qui portent une *inscriptio* les attribuant à un concile de Nantes, énigmatique et de date incertaine (elle oscille, suivant les avis, entre le vii° siècle et le ix°)(6) peuvent être répartis en deux catégories (7).

(1) Rég., II, 27, l'attribue à un concile de Mayence.

(2) Sur ce texte, qui circulait à l'époque de Burchard et avant lui, voir 1re étude.

(3) Cf. ci-dessus, p. 116, note 1.

(4) Rég., II, 197.

(5) M. Seckel, après avoir attribué l'origine de ce texte au c. 42 du pénitentiel dit *Vallicellanum* Iᵘᵐ (*Neues-Archiv*, t. XVIII, p. 384), a abandonné cette idée et y voit un emprunt au prototype des *Capitula* du pseudo-Théodore; il se fonde sur l'analogie qui existe entre ce texte et le c. 35 de ces *Capitula* publiés par Petit (Cf. *Patrologia latina*, t. XCIX, col. 935 et s. et Seckel, *Neues Archiv*, t. XX, p. 363). Mais, d'une part, le *Vallicellanum* Iᵘᵐ n'a fourni aucun autre texte à Burchard; il serait surprenant que l'auteur du *Décret* lui eût emprunté un texte isolé. D'autre part, pour des motifs que j'ai indiqués ailleurs (*Florilegium Fogié*, p. 241 et s.), les *Capitula* du pseudo-Théodore doivent être considérés, à mon avis, non comme une source du *Décret*, mais comme un recueil qui en procède. Aussi, écartant les deux hypothèses de M. Seckel, je crois que Burchard a tiré le chapitre dont il s'agit du pénitentiel de Théodore, en modifiant légèrement la sanction, ce qui lui arrive souvent.

(6) Verminghoff, *Verzeichnis der Akten fränkischer Synoden*, dans *Neues Archiv*, t. XXIV, p. 476.

(7) Sur les textes attribués au concile de Nantes, cf. Seckel, *Studien* su

Dans la première se placent les textes (au nombre d'une vingtaine) que Burchard a transcrits, avec leur attribution au concile de Nantes, d'après le recueil de Réginon. Nombre d'entre eux sont sûrement apocryphes, mais la responsabilité de la fausse *inscriptio* n'incombe pas à Burchard. Je ne m'occuperai pas de ces textes.

Dans la seconde catégorie figurent des textes, pris comme les premiers dans le recueil de Réginon, mais qui n'étaient pas donnés dans ce recueil comme des canons du concile de Nantes. C'est Burchard qui, pour une raison ou une autre, les a rattachés à ce concile.

Parmi ces textes, il en est plusieurs dont l'attribution au concile de Nantes s'explique par une négligence de Burchard ou de ses collaborateurs. Je classerai dans cette série :

B. II, 161-164 et 166 = Rég. I, 216, 218, 217, 219 et 212.

Burchard a imputé ces textes au concile de Nantes, croyant en cela copier Réginon. En effet, dans les *Libri de synodalibus causis*, les *inscriptiones* de ces canons répètent, au moins implicitement, l'*inscriptio* du c. 210: *Ex concilio Nannetensi*.

Une explication analogue rend raison de l'inscriptio *ex concilio Nannetensi* qui précède le c. de Burchard, XVIII, 3 = Rég., I, 107 ; le c. 105 de Réginon est attribué au concile de Nantes ; les c. 106 et 107 sont précédés des mots *Undè suprà*.

Voici maintenant des textes où l'attribution au concile de Nantes ne paraît pas être le résultat d'une étourderie. Il semble qu'elle ait été voulue par Burchard.

B. II,   91 — Anseg., I, 147(1).
II, 167 — Capitulaire de 884, c. 12 (2).

Benedictus Levita, I (*Neues Archiv*, t. XXVI, p. 39 et s.). Tous ces canons sont connus par le recueil de Réginon. Mais il résulte des recherches de M. Seckel que huit seulement auraient quelques chances d'être authentiques ; au moins n'a-t-on pas découvert jusqu'à ce jour, comme on l'a fait pour les autres, la source originale, dissimulée ensuite sous le nom de concile de Nantes dans le recueil de Réginon et les collections ultérieures.

(1) Extrait de Réginon, I, 82, où il porte l'inscription : *Ex capitularibus*. Burchard ne pouvait manquer d'effacer cette *inscriptio* ; il l'a remplacée par celle du c. 81 de Réginon.

(2) Extrait de Rég., II, 129, où il porte l'inscription : *Ex eodem capitulari*, Burchard l'a effacée, et a voulu reprendre l'inscription du chapitre pré-

V, 17 = Rég., II, 25, *ex Poenitentiali* (1).

En résumé, il me paraît que sciemment ou par négligence, Burchard a mis dans la circulation neuf canons apocryphes de Nantes.

18° Je ne veux point abandonner cette trop longue énumération sans signaler encore un apocryphe créé par Burchard. Il a attribué à un concile apocryphe de Tongres le c. 24 du concile d'Altheim (916), qu'il a inséré au n° 65 de son livre X. Peut-être faut-il voir, dans cette évocation d'une antique cité du pays liégeois, un souvenir donné par Olbert de Gembloux, le collaborateur de Burchard, à une région qui lui était chère.

En somme, je viens de signaler environ 200 canons apocryphes de conciles variés qui figurent dans le *Décret* de Burchard. Je crois qu'en poursuivant les recherches, il ne serait pas difficile d'en découvrir encore une quantité égale, sinon supérieure. Toutefois, les faits que j'ai mis en lumière me paraissent suffire à faire connaître le rôle de l'auteur du *Décret* en tant que créateur de décisions apocryphes d'assemblées conciliaires.

III. — Textes pénitentiels apocryphes.

Le *Décret* de Burchard contient un bon nombre d'attributions fausses de textes pénitentiels. Ces erreurs, d'ailleurs commises en connaissance de cause, proviennent pour la plupart d'un fait déjà signalé : Burchard ne veut citer que trois pénitentiels, le Romain, celui de Théodore et celui de Bède. Aussi lorsqu'il n'a pas attribué les textes pénitentiels à des sources d'une autre nature, décrétales des papes, canons de conciles ou écrits patristiques (nous en avons vu et nous en verrons des exemples), il les a imputés à l'un de ces trois pénitentiels, le plus souvent sans se préoccuper de savoir si l'emploi qu'il faisait de l'*inscriptio* correspondait à la réalité. Il suffira, pour s'en convaincre, de jeter les yeux sur la liste qui suit :

cédant dans la recension de l'œuvre de Réginon dont il se servait. Cf. Wasserschleben, *Libri duo de synodalibus causis*, p. 260, note.

(1) Burchard a effacé cette référence vague et l'a remplacée par l'*inscriptio* du chap. 22 de Réginon.

B. V, 46, Pén. de Bède, = Rég., I, 151 (sans attribution).
     48, Pén. de Théodore, = *Excarpsus Cummeani*, XIII, 22.
     49, Pén. Romain, = —   — 23.
     52, — = —   — 17.
  XI, 65, — = Rég. II, 276, *ex Paen.*(1).
  XII, 3, — = — — — 333,   —
     5, Pén. de Théodore, = — — — 336-337—
     6, Pén. Romain = — — — 338,   —
    11, Pén. de Théodore, = — — — 332,   —
  XIV, 8, — = *Excarpsus Cummeani*, I, 6 (2).
    13, Pén. Romain = Rég., I, 147, *ex Paen.*
    14, Pén. de Bède, = — — — 149,   —
    15, — = — — — 150,   —
B. XVII, 27 et 28, Pén. de Théod. = Reg., II, 251 (sans attribution).
    32, Pén. de Théodore =   —   254   —
    33, Pén. Romain = Anseg., I, 48 (3).
    34, Pén. de Théodore = Rég., II, 255 (4).
    38, Pén. Romain = Texte d'origine inconnue.
    39, Pén. de Théodore = *Excarpsus Egberti*, 5 (5).
    40, Pén. Romain =   —   c. 9, § 2.
    41, Pén. de Théodore =   —   c. 9, § 10 et s.
    42, Pén. de Bède = Rég., II, 252 (sans attribution).
    43, Pén. Romain =   —   253
    56, Pén. Romain = *Excarpsus Cummeani*, II (6).
    60, Pén. Romain =   —   VI, 21.
  XVIII, 14, Pén. de Théodore = C. 26 du c. de Mayence, ap. 847.
   XIX, 1, Pén. Romain = *Capitula* de Théodulphe, 36.
    4, — = Rég., I, 304 (Théodore et Bède).
    6, Pén. de Théodore = Rég., p. 146.
    9, Pén. Romain = *Excarpsus Egberti*, IV, 16.

(1) J'abrège ainsi l'inscription *ex Paenitentiali*, très fréquente dans le recueil de Réginon. Souvent elle y vise des extraits tirés du péaitentiel dit
de Darmstadt, ou de la collection *Vaticane* en quatre livres. En tout cas,
cette inscription n'a pas chez lui un sens précis.

(2) Sauf la fin. Le texte est plutôt conforme au manuscrit de l'*Excarpsus
Cummeani* conservé à la Bibl. nationale de Paris, latin, 1603.

(3) Réginon (I, 259) l'a fourni à Burchard.

(4) Texte modifié par Burchard, notamment en ce qui concerne les distinc-
tions anotines. La dernière disposition rappelle l'*Excarpsus Cummeani*, II,
3 (Schmitz, t. II, p. 606).

(5) Schmitz, t. II, p. 606, avec des variantes; on en trouve d'ailleurs dans
les textes suivants.

(6) Schmitz, t. II, p. 605; nombreuses variantes.

11,   —   } inspiré par Rég., II, 452.
12,   —

19, Pén. Romain; procède de Rég., II, 447.

20,   —   —   449.

21, Pén. de Théodore;   —   454.

22,   —   —   446.

23,   —   —   453.

24, Pén. de Bède;   —   454.

B., XIX, 25, Pén. Romain : procède de *Excarpsus Bedae*, 10.

33, Pén. de Théodore = fragment de la préface du livre
               VI du pénitentiel d'Halit-
               gaire (1).

84, Pén. de Bède   = *Excarpsus Cummeani*, I, 88.

92, Pén. de Théodore = Pén. de Saint-Hubert, 59.

94, Pén. Romain   =   —   39.

101,   —   = *Excarpsus Cummeani*, VI, 22 et 23.

102, Pén. de Bède   =   —   VI, 24-26.

103, Pén. Romain   =   —   VI, 28.

104, Pén. de Théodore =   —   VII, 2.

106, Pén. Romain   = *Excarpsus Egberti*, XIII, 4-10.

115,   —   = *Excarpsus Cummeani*, VIII, 2.

116,   —   =   —   VIII, 15.

117,   —   =   —   VIII, 17.

118, Pén. de Bède   = fragment du c. 2 de la préface
               de l'*Excarpsus Cummeani*.

120, Pén. Romain   = *Excarpsus Bedae*, IV, 10 et 11.

121, Pén. de Théodore =   —   V, 7.

122, Pén. Romain   = Pén. de Théodore, II, 2, 15.

135, Pén. de Théodore = Pén. de Saint-Hubert, 40.

136, Pén. Romain   =   —   41.

137,   —   =   —   44.

138, Pén. de Théodore =   —   47.

139,   —   =   —   48.

144,   —   = Préface du livre IV d'Halitgaire.

145,   —   = c. 53 du c. de Chalon, an. 818 (2).

146, Pén. de Bède   = c. 35   —   (3).

J'ai ainsi énuméré plus de soixante textes pénitentiels attri-

---

(1) *Patrologie latine*, t. CV, col. 665. — Le c. 32 en est aussi tiré; mais
Burchard le donne comme un extrait de pénitentiel Romain.

(2) Probablement pris dans Ben. Lev., add. III, 57; Burchard s'est empressé de le démarquer.

(3) Probablement pris dans Ben. Lev., add. III, 60.

bués à tort au pénitentiel Romain, à celui de Théodore et à
celui de Bède, les seuls dont Burchard se soit donné l'apparence de tenir compte.

IV. — Inscriptiones patristiques apocryphes.

Burchard dissimule un certain nombre de canons — relati-
vement peu élevé — sous le nom d'écrivains ecclésiastiques,
et principalement de saint Augustin. En cela il suit l'exemple
et d'ailleurs emprunte la formule de Réginon : *Ex dictis Augustini*. Les indications réunies ci-dessous en fournissent la
preuve; elles concernent des canons attribués par Burchard à
saint Augustin (1).

B.	II,	54	=	*Capitula* de Théodulphe, 45-46.
		55	=	— 1.
		56	=	— 28.
		80	=	*Capitula* de Haiton de Bâle, 18.
		100	=	*Capitula* de Théodulphe, 2 et 3.
		106	=	*Capitula* de Haiton de Bâle, 20.
		129	=	Texte d'origine inconnue.
	III,	80	=	*Rég.*, I, 54, 2ᵉ partie (2).
	IV,	16	=	Gennadius, 74 (3).
	VI,	31	=	*Rég.*, II, 49 (4).
	X,	43-47	=	Traité de Raban Maur, *de magicis artibus*.
	XII,	21	=	c. 23 du c. d'Altheim.
	XIV,	12	=	*Rég.*, I, 140 (5).
	XVIII,	12	=	Fragment d'une homélie de Césaire d'Arles (6).

(1) Je ne relève pas les quelques textes attribués par Burchard à saint
Augustin d'après les indications, souvent douteuses, de la collection irlandaise. De même Burchard a pu reproduire, sur ce point comme sur les autres,
de fausses attributions de Réginon, par exemple dans XVII, 35 (Rég., II,
255).

(2) Réginon attribue à saint Augustin la première partie du chapitre, mais
non notre texte qui en forme la seconde partie. Burchard a commis une con-
fusion (Cf. Wasserschleben, *op. cit.*, p. 49, note sur le c. 54).

(3) *De ecclesiasticis dogmatibus*.

(4) Attribué par Réginon au diacre Ferrand de Carthage.

(5) Attribué par Réginon à saint Jérôme et au diacre Ephrem.

(6) *Patrologia latina*, t. LXVII, c. 1062.

XIX.	2	=	Rég., 1, 292, 301, 302 (1).
	29	=	Extraits pénitentiels.
	30	=	id.
	36	=	c. 10 du c. de Mayence, an. 852.
	60	=	Texte d'origine incertaine.
	64	=	Rég., I, 328 (2).
	107	=	Gennadius, 81.
	108	=	— 82.
XX,	1-7	=	Gennadius, 14-20.
	28-39	=	Ratramn de Corbie, *de praedestinationes*, lib. II.
	40-44	=	Gennadius, 10-13.
	100-102	=	Gennadius, 7-9.
	109-110	=	*Prognosticon* de Julien de Tolède, 47 et 49 (3).

Quoique les fausses attributions à saint Augustin soient les plus nombreuses, on en rencontre d'autres. A titre d'exemple, je signalerai une attribution erronée à saint Jérôme (4), une autre, aussi inexacte, à Isidore de Séville (5), et enfin une fausse attribution à saint Grégoire (6).

En résumé, de l'examen que j'ai fait d'une quantité considérable d'*inscriptiones* apocryphes (il en est d'ailleurs un grand nombre que je n'ai pu relever), je suis en droit de conclure que Burchard a jeté dans la circulation :

1° Une centaine de fausses décrétales ;

2° Plusieurs centaines de faux canons ;

3° Plus de soixante textes pénitentiels apocryphes qu'il attribue à tort au pénitentiel Romain, ainsi qu'à ceux de Théodore et de Bède ;

4° Un nombre moins élevé d'extraits apocryphes des Pères, la plupart attribués à saint Augustin.

(1) Sans attribution ou avec d'autres attributions dans Réginon

(2) Texte de la règle de saint Basile : la fausse attribution est imputable à Burchard.

(3) Ce sont en réalité des fragments du *de Civitate Dei*, cités d'après Julien de Tolède (Voir 1re étude).

(4) B. XIX, 31 ; il s'agit d'un passage de la préface d'Halitgaire : *Patrologie latine*, t. CV.

(5) B. IV, 10 ; le texte provient du pén. de Théodore, I, 9, 12.

(6) B. IX, 40 ; passage de la lettre de Raban Maur à Héribald (Rég., II, 242).

CHAPITRE IV

LES TEXTES DU DÉCRET

Il convient de nous demander maintenant si Burchard, qui avait, on vient de le voir, fort peu de souci de l'authenticité des *inscriptiones* placées en tête des chapitres du *Décret*, respectait davantage les textes annoncés par ces *inscriptiones*. A dire vrai, on va voir qu'il n'avait aucun scrupule de les modifier.

Les nombreuses altérations qu'il a commises ne sont pas, il s'en faut, de gravité égale. Dans certains cas, il a cherché à améliorer les textes; dans d'autres cas, il a voulu les expliquer, les compléter, leur donner une portée plus générale, ou les mettre en harmonie avec les temps nouveaux, tout en en conservant le sens. Enfin, à plus d'une reprise, il lui est arrivé d'en modifier le sens. De là trois catégories d'altérations, à chacune desquelles une section de ce chapitre sera consacrée (1).

Section I.

Il y a lieu de signaler ici certaines modifications des textes inspirées par une intention qui ne paraîtra pas absolument répréhensible au critique moderne. Il est arrivé, en effet, que Burchard, ayant consulté deux recensions d'un même fragment, s'est laissé guider par l'une et par l'autre pour établir un texte nouveau qu'il jugeait meilleur. M. Hauck a donné des exemples de cette manière de faire. Ainsi il a montré que le c. 29 du livre VIII (fragment d'une décrétale du pape Sirice), s'inspire à la fois du texte de Réginon (II, 165), et du c. 6 de la décrétale de Sirice telle qu'elle se présente dans l'*Hispana*. Or, ces deux textes se distinguent par des divergences. Il est facile de voir que Burchard les a combinées. De même le c. 44 du Ier livre reproduit le c. 20 d'Antioche d'après la version Dionysienne; mais Burchard y a glissé quelques mots explicatifs tirés par lui de l'*Hispana*. Il écrit, en effet, non pas, d'après

---

(1) Je laisse de côté les altérations qui peuvent résulter de la négligence des copistes.

Denys, *ut quarta septimana Pentecostes conveniat synodus*, mais *ut quarta septimana quae consequitur, id est medio Pentecostes, conveniat synodus* (1).

A ces exemples donnés par M. Hauck, je me bornerai à en ajouter deux :

Burchard insère, dans son livre VI, c. 29-39, une série de fragments empruntés à Réginon. Le c. 34 reproduit Rég., II, 27 ; Burchard a ensuite transcrit, sous le n° 35, le c. 28 de Réginon, qui est le début du c. 20 du concile de Mayence de 847 ; mais il s'est empressé de le compléter en recourant au texte original (2).

De même, au c. 6 du livre VII, Burchard donne un texte qu'il a très vraisemblablement puisé dans Réginon, II, 185 (3) ; c'est le 5ᵉ canon du IIᵉ concile de Tolède. Or il s'est reporté au texte original pour prolonger la citation en y ajoutant la phrase : « Et iterum : Anima quae fecerit quidpiam ex istis peribit de medio populi sui » (4).

Section II.

Burchard est allé plus loin ; il a modifié les textes en vue de les expliquer, d'en préciser le sens, ou d'y ajouter un complément utile ; ou bien encore il se préoccupe d'effacer d'un canon les expressions qui en font une règle purement locale, afin de lui donner une portée générale ; ou enfin il remplace des ter-

---

(1) Hauck, *Ueber den Liber Decretorum Burchard's von Worms*, dans les *Sitzungsberichte der königlich sächsischen Gesellschaft der Wissenschaften zu Leipzig*, Philologisch-Historisch Classe, 1891, t. I, p. 72.

(2) On peut se demander si ce texte original que Burchard a consulté est le c. 20 du concile de Mayence de 847 ou le c. 11 du pénitentiel de Raban à Otgaire. L'une et l'autre hypothèses sont admissibles. Burchard donne à son texte, comme *inscriptio*: *ex concilio Mogunt*., c. 11. C'est le n° du pénitentiel de Raban. Il est vraisemblable que Burchard a consulté l'ouvrage de Raban qu'il a dissimulé, suivant son habitude : Il l'a présenté comme un canon de concile de Mayence, ce qui était d'ailleurs exact.

(3) B., VII, 2 = Rég. II, 263.
           3 =   —   — 181.
           4 =   —   — 184.
           6 =   —   — 185.

(4) La dernière phrase, qui suit celle qui est citée ci-dessus, paraît une addition de Burchard.

mes vieillis par des expressions qui s'y accordent mieux avec
l'état social et politique du xie siècle.

1° Voici un exemple d'addition simplement explicative :

I, 51. Il y est question du représentant que l'évêque malade envoie au synode pour tenir sa place : le texte est emprunté à l'*Anselmo dedicata* (III, 23). Burchard ajoute ces
mots : *Suscepturus, salva fidei veritate, quidquid synodus sta-
tuerit* (1);

2° Plus nombreuses sont les interpolations destinées à préciser le sens d'une règle. On peut citer, entre autres interpolations de ce genre, les suivantes :

B., I, 82. C'est le c. 15 de Sardique, texte dionysien ; ce
canon indique la durée des séjours que l'évêque peut faire
dans ses domaines à la campagne. Or, au lieu de *post III dies
dominicos*, leçon de l'original, Burchard dit : *post IV dies dominicos, id est tres hebdomadas*. Cette addition précise et modifie
quelque peu la décision primitive (2).

B., I, 190 (*Ans. dedic.*, II, 205). Il s'agit de la disposition du
concile d'Orange (c. 29) déterminant le remplaçant de l'évêque
malade. Le concile ordonne d'appeler un autre évêque; Burchard précise en disant : un évêque voisin.

B., II, 81. Sous le titre de canon de Compiègne, Burchard
reproduit le canon 37 du concile de Mayence de 813 sur l'observation du dimanche. Il y ajoute ces mots : *à vespera ad
vesperam* (3), qui s'accordent d'ailleurs avec une décision
insérée dans les capitulaires (4).

Au c. 35 du livre V, Burchard précise la règle du jeûne
préparatoire à la communion par des additions qu'il fait aux
textes empruntés à l'*Excarpsus Cummeani* (XIV, 16) ou peut-
être au pénitentiel de Théodore (I, 12, 5). La règle des pénitentiels, qui remonte à une haute antiquité, est formulée
ainsi : « Qui acceperit sacrificium post cibum, VII diebus
paeniteat ». Burchard la présente en ces termes : « Qui acceperit sacrificium post cibum, aut post aliquam parvissimam

(1) Cf. Koeniger, *Burchard I von Worms*, p. 115.
(2) *Ibid.*, p. 74.
(3) *Ibid.*, p. 160, note 3.
(4) Anseg., I, 15.

refectionem, nisi pro viatico, pueri tres dies, majores septem, clerici viginti dies pæniteant ».

Au c. 22 du livre VIII, Burchard reproduit, d'après Réginon (II, 180) le 26ᵉ canon de Tribur, qui règle le passage d'une religieuse d'un monastère à un autre. Le texte original le permet *pro lucro animae*; Burchard remplace ces mots par ceux-ci : *propter districtiorem vitam* (1).

B., XIX, 20. Ce texte reproduit Rég., II, 449, où il est question des trois carêmes. Burchard y ajoute la détermination exacte de ces carêmes. C'est d'ailleurs une question dont devait s'occuper, en 1023, le concile de Seligenstadt, en son canon 1ᵉʳ.

3° Parmi les additions destinées à compléter un texte, je signalerai d'abord celle que Burchard a introduite dans le texte du c. 43 du concile de Chalon de 813, dirigé contre les évêques errants d'origine celtique. Au XIᵉ siècle ils sont moins nombreux; mais il y a d'autres prélats ou clercs vagabonds. Burchard élargit son texte et au mot *Scotti* ajoute *alii erronei* (2).

Au c. 17 du livre III, Burchard emprunte à Benoît le Diacre un fragment (II, 202) d'après lequel la consécration des autels appartient à l'évêque. Il ajoute, à titre de sanction, un anathème contre quiconque contreviendrait à cette prescription.

Burchard insiste, sur l'obligation où sont les fidèles de recevoir le sacrement de confirmation. Au c. 59 du livre IV, il fait une addition à un texte de Benoît le Diacre (II, 177) qui rappelle cette obligation. Cette addition consiste en ces mots : Quod si neglexerint, et presbyter et populus canonicis disciplinis subjaceant. De même au c. 60, il ajoute à un texte emprunté aux *Capitula* de Hérard de Tours (c. 75) ces mots : quia numquam erit christianus nisi confirmatione episcopali fuerit chrismatus.

Le c. 38 du livre VIII n'est autre que le c. 23 du concile de Tribur, d'après le texte de la Vulgate. A ce canon qui condamne les relations criminelles entretenues avec une religieuse, Burchard ajoute ces mots : *et incestuosus sine spe conjugii maneat*.

Au c. 46 du livre IX (Rég. II, 124), Burchard ajoute, à pro-

(1) Hauck; *op. cit.*, p. 72.
(2) Hauck, *op. cit.*, p. 75.

pos du mari qui a permis à sa femme d'entrer en religion, *sed similiter convertatur*.

Le c. 45 du livre Ier nous montre comment Burchard s'y prend pour transformer une règle formulée pour une région déterminée en règle générale. Il s'agit du canon 15 du XIe concile de Tolède, que Burchard, je ne sais pourquoi, présente comme un canon de Clermont. Au lieu d'insérer les mots du texte : *omnes in commune pontificum Carthaginis provinciae superioris censuras sententia obnoxios retinebit*, Burchard mentionne les *pontifices ejusdem provinciae* sans mentionner aucune province en particulier (1).

5° Dans les textes qui suivent, nous constatons que Burchard s'occupe de mettre les textes en harmonie avec l'état des choses au xie siècle.

B. I, 57. Burchard copie un texte des Novelles de Julien (CXV, 35), mais y remplace l'expression *beatissimus patriarcha*, par celle-ci : *primas illius regionis*.

Le c. 218 du livre I n'est autre chose qu'un texte d'un capitulaire de Charlemagne (2). Il s'agit de déterminer le nombre des ecclésiastiques qui suivront le prince à l'armée. Le texte original ne concernait que l'empereur et était ainsi rédigé : *princeps secum habeat... Le texte de Burchard est libellé en vue de l'époque féodale, en ces termes : *unusquisque princeps unum presbyterum secum habeat* (3).

Au c. 14 du concile de Milève (B. II, 46) qui prescrit de dater les actes par les noms des consuls, Burchard apporte une modification : c'est, dit-il, par l'année du Seigneur qu'il convient de dater.

Au c. 77 du livre II, il insère le c. 8 de *capitula* de Haiton de Bâle, donnant une énumération des fêtes liturgiques. Il ne manque pas de compléter cette énumération en indiquant des fêtes omises par Haiton ou non célébrées de son temps en Germanie : Nativité de Notre-Dame, Saint Laurent, Toussaint, et en faisant une place aux fêtes locales *quas singuli episcopi in sede episcopii cum populo collaudaverunt* (4).

(1) Cf. Hauck, op. cit., p. 73.
(2) Boretius, t. I, p. 41-43; Ben. Lev., III, 123.
(3) Hauck, op. cit., p. 74.
(4) Cf. Kœniger, op. cit., p. 168, note 4 et p. 169, note 1.

Section III.

Ces altérations de texte semblent à la vérité légères. Il en est
d'autres qui portent plus gravement atteinte au sens des décisions anciennes. M. Hauck et M. Koeniger en ont, chacun de
leur côté, signalé un certain nombre. Je ne puis moi-même
avoir la prétention d'énumérer toutes les altérations de ce
genre qui se trouvent dans le *Décret*; ce sera une part, et non
des moins importantes, de la tâche du futur éditeur de Burchard. Au moins je tiens à indiquer ici un certain nombre de
modifications, plus ou moins tendancieuses, qui concernent
des matières importantes du droit canonique, à savoir : l'influence du droit séculier sur la législation ecclésiastique, l'autorité de l'Église Romaine, celle de l'évêque, l'administration
de la pénitence, la législation matrimoniale et quelques objets
variés. Les observations que je me propose de présenter en
bref donneront, je l'espère, une idée des procédés de Burchard
et de ses collaborateurs.

1° *Influence du droit séculier.*

Burchard, on le sait, se refuse à admettre dans son recueil
aucune décision qui paraisse émaner d'un prince séculier;
pour lui, le droit canonique est entièrement d'origine ecclésiastique. Afin d'être fidèle à ce principe, il a souvent démarqué, comme on l'a vu, les textes qu'il empruntait aux sources
séculières. Il a aussi pris le soin d'effacer, dans ces textes, tous
les passages qui auraient pu déceler leur véritable auteur. En
voici des exemples :

B. III, 53.	Ben. I, 29.
Juxta synodalica praecepta decrevimus ut nullus mortalium de agro ecclesiastico..... censum persolvere cogat..... Quod si fecerit, communione usque ad satisfactionem privetur.	Ut secundum canonicam auctoritatem *et constitutionem domini imperatoris Ludovici* de agro ecclesiastico..... censum persolvere cogat......Quod si fecerit, communione usque ad satisfactionem privetur *et regia potestate hoc emendare legaliter compellatur.*

On voit que Burchard a omis aussi bien la mention du ca-

pitulaire de Louis le Pieux cité dans le texte de Réginon, que
la menace de l'intervention de la puissance royale afin d'assurer le respect de la décision promulguée.

Le c. 197 du livre III du *Décret* reproduit le c. 337 du
livre I de Ben. Lev. Celui-ci édicte une amende de 500 sous au
profit de l'Église et de 200 sous au profit du fisc. Burchard
supprime le fisc et édicte une amende de 900 sous au profit de
l'évêque.

Le c. 37 du livre VI du *Décret* reproduit, d'après Réginon
(II, 75), le c. 3 du capitulaire de Worms, de l'année 829, concernant le mari qui abandonne ou met à mort sa femme pour
en épouser une autre. Burchard supprime la portion du texte
qui enjoint au comte d'emprisonner le coupable et la remplace
par l'anathème que prononce l'évêque(1).

De même, au c. 12 du livre VII (texte qui concerne l'in-
ceste) Burchard, transcrivant Ben. Lev., III, 432, supprime
la seconde partie du texte où sont édictées contre les incestueux des sanctions d'ordre séculier.

Il est intéressant de comparer le c. 57 du livre XI du *Décret*,
concernant les voleurs, à sa source, le c. 281 du livre II de
Réginon(2). Qu'il me suffise au moins de rapprocher la première partie de ce texte, telle qu'elle est donnée par chacun
des recueils. La partie imprimée en italique dans le texte de
Réginon a été omise par Burchard :

BURCHARD.	RÉGINON.
Nam si quis publicam rapi-nam seu furtum fecerit, publi-cam inde agat poenitentiam, juxta sanctorum canonum sanctiones. Si vero occulte, sacerdotum consilio poeniteat, quoniam raptores, ut aposto-lus ait, nisi inde veram ege-rint penitentiam, regnum Dei non possidebunt.	Si quis *infra regnum* rapi-nam fecerit aut *cuiquam nostro fideli aut ejus homini aliquid abstulerit, legibus componat et insuper bannum nostrum persolvat. Postmodum vero ante nos à comite adducatur ut, in bastiniaco retrusus, usque dum nobis placuerit, poenas luat.* Nam si publice

____

(1) Il ajoute que la même sanction doit être appliquée à l'homme libre qui
tue son *senior.*

(2) Texte tiré des capitulaires ; Boretius-Krause, t. II, p. 291, n° 11.

RÉGINON.

actum fuerit, publicam inde
agat pœnitentiam... (Le surplus comme dans Burchard).

Au c. 67 du livre XI, qui n'est autre que le c. 9 du capitulaire de Soissons (853), Burchard omet les mots : *bannum nos
trum componat*.

Au c. 18 du livre XIII, Burchard reproduit un texte des capitulaires (1) prévoyant le cas où des jeûnes sont ordonnés
par le pouvoir séculier : ce texte figure dans Réginon, I, 287.
Or l'évêque de Worms ne manque pas d'effacer la mention relative à l'initiative possible du prince : *non expectetur nostrum
edictum*. Il tient à ce qu'aucun indice ne rappelle l'origine du
texte.

Au c. 1 du livre XV, Burchard omet la partie du texte (c. 32
du IV° concile de Tolède; Réginon, II, 296) où les évêques
sont invités à s'adresser au roi pour lui demander de mettre
fin aux oppressions dont le peuple est victime. Les mots effa-
cés sont ceux-ci : « Et si contemserint emendari, eorum insolen-
tiam regis auribus intiment, ut, quos sacerdotalis admonitio
non flectit ad justitiam, regalis potestas ab improbitate coer-
ceat ». Il remplace ce membre de phrase par les mots : « Et si
contemserint emendare, anathematizentur ». C'est la sanction
spirituelle à la place de la sanction temporelle.

On pourrait multiplier ces exemples; la conclusion qui s'en
dégage me semble certaine. Burchard efface tout ce qui, dans
les textes, rappelle leur origine séculière.

2° Influence du Saint-Siège.

On trouve dans les altérations de textes dont Burchard est
responsable quelques traces d'une préoccupation favorable à
l'influence romaine. A la vérité ces traces ne sont pas nombreuses, mais il n'est pas inutile de les signaler.

Burchard (I, 148), modifie un texte de pseudo-Fabien. Au
lieu de *vocem appellationis exhibeat* (2), il écrit : *libere Sedem
apostolicam appellet*.

Au c. 136 du livre III, Burchard insère d'abord le c. 11 du

(1) Anseg., I, 112.

(2) Hinschius, *Decretales pseudoisidorianae*, p. 167.

concile d'Orléans de 511, attribuant à l'évêque le tiers des oblations. Puis, dans une seconde partie qui semble l'œuvre personnelle de l'évêque de Worms, cette part est ramenée au quart, conformément à l'usage romain, *sequentes Romanos*, dit l'auteur (1).

Au c. 6 du livre XIII, Burchard insère une référence à l'usage de l'Église Romaine, *sicut in Romana Ecclesia constitutum reperitur*, dans un texte, emprunté par lui à Réginon (I, 279), qui concerne la *litania major*, c'est-à-dire la supplication solennelle, analogue à celle des Rogations, qui doit être célébrée le 25 avril, fête de saint Marc.

Il ne faut pas exagérer l'importance de ces interpolations, mais il ne convient pas, à mon avis, de les passer sous silence.

3° *Autorité de l'évêque.*

On rencontre dans le *Décret* diverses interpolations destinées à fortifier l'autorité de l'évêque, à laquelle Burchard, on ne saurait s'en étonner, est décidément favorable. Je crois utile d'en signaler quelques exemples.

B. II, 70. Ce texte reproduit Reg., I, 192, où il est recommandé de prier *pro regibus et rectoribus ecclesiarum*. Burchard ajoute *pro episcopo*.

B. II, 206, canon de Tribur. Il n'est pas inutile de rapprocher le texte donné par Burchard de celui que l'on trouve dans la collection de Réginon (II, 39) et dans la version de Tribur dite *Catalaunensis*, c. 28. On y constatera la modification faite par Burchard afin d'attribuer à l'évêque une part de la succession des prêtres soumis à sa juridiction. Voici les deux textes :

BURCHARD.	RÉGINON.
De peculiari vero sacerdotum nihil sibi usurpent (laici), sed totum in *quatuor* dividatur partes, *una episcopo, alia altari, tertia pauperibus,*	De peculiari vero sacerdotum nihil sibi usurpent (laici), sed de duabus partibus faciant presbyteri quod eis visum fuerit (*Catal.* : quod sibi pla-

---

(1) Cette interpolation a été probablement déterminée par le c. 135 du livre III, où Burchard rapporte le c. 15 des *Capitula de Haiton de Bâle*. Or, dans ce texte, Haiton attribue à l'évêque le quart des dîmes, conformément, dit-il, à l'usage romain. Cf. *Liber Diurnus Romanorum Pontificum*, VI et LXXIV, et Stutz, *Geschichte des kirchlichen Benefizialwesens*, p. 28, note 12. Au c. 137, Burchard reproduit le décrétale connue de Gélase sur cet objet.

BURCHARD.

quarta parentibus, et si non sunt idonei parentes, *episcopus eam recipiat* et in usum Ecclesiae diligenter distribuat.

RÉGINON.

cuerit), tertiam, secundum canonum jussa, quibus serviunt, relinquant ecclesiis.

B. III, 40, canon de Tribur. Ce texte se retrouve dans Rég., I, 246 et dans la *Catalaunensis*, c. 35. Il s'agit du cas où des cohéritiers se disputent une église qui est soumise au régime de la propriété privée. Provisoirement elle doit être fermée jusqu'à ce que d'un commun accord les cohéritiers y établissent un prêtre. Burchard ajoute que cette nomination doit être faite *consilio episcopi*.

B. III, 232. Burchard fait une addition caractéristique à la règle qu'il tire du c. 51 du concile de Mayence de 813, sur la translation des corps saints. Il y faudra soit le consentement du prince, ce qui est conforme au texte original, soit (et c'est l'addition de Burchard) la *licentia episcoporum sanctaeque synodi*.

B. VIII, 67. Burchard a altéré ce canon qui est le c. 21 du 1er concile d'Orléans et qu'il pu trouver dans l'appendice II (c. 4) du recueil de Réginon. Le concile y recommandait à l'évêque de faire une fois par an la visite des monastères. Burchard ajoute : *Non semel, sed saepius in anno episcopi visitent monasteria monachorum, et, si quid corrigendum fuerit, corrigant*. Ainsi il affirme plus fortement la juridiction des évêques sur les monastères (1).

B. XI, 57. Burchard, qui a emprunté ce texte à Réginon (II, 281) en modifie la fin pour rappeler que tout ce qui concerne l'administration de la pénitence dépend au premier chef de l'autorité de l'évêque : *quia, quamvis ultio furum et raptorum ad comites respiciat, poenitentia tamen ad episcopos pertinet*.

Le c. 56 du livre XVII du *Décret*, qui reproduit à peu près entièrement le c. 11 de l'*Excarpsus Cummeani*, en en modifiant les sanctions, contient vers la fin une interpolation, consistant dans les mots *cum consilio episcopi sui*. Il en résulte que, en

---

(1) Cf. Koeniger, *op. cit.*, p. 165, note 6.

certains cas, l'abbé ne peut modérer la pénitence infligée à un de ses subordonnés qu'après avoir consulté l'évêque.

On pourrait, je crois, ajouter d'autres exemples à ceux qui viennent d'être énumérés; ils me semblent suffire à démontrer la pensée, favorable aux évêques, qui a inspiré un certain nombre d'interpolations du *Décret*.

4° *Administration de la pénitence.*

Je ne reviens que pour mémoire sur l'interpolation, signalée ci-dessus, qui n'a d'autre but que de rappeler la règle traditionnelle d'après laquelle l'administration de la pénitence dépend uniquement de l'évêque.

C'est aux pénitentiels que les pasteurs ont coutume de s'adresser pour connaître les œuvres satisfactoires qu'ils doivent imposer. Or on sait que Burchard tient à se donner l'apparence de n'employer et de ne citer que trois pénitentiels : le pénitentiel romain et ceux de Théodore et de Bède. J'ai montré plus haut comment il avait interpolé deux textes pour bien marquer cette disposition. Qu'il me soit permis de mentionner encore à ce sujet le c. 3 du livre XVIII, où, dans un passage interpolé (rapprochez, pour en avoir la preuve, ce texte de Rég., I, 107), Burchard déclare que la pénitence doit être administrée *secundum canonum statuta et poenitentialium probatorum*. Il n'y a point de doute sur l'interprétation qu'il faut donner à ces mots, *poenitentialia probata*, pour être fidèle à la pensée de Burchard; ce sont les trois pénitentiels déjà mentionnés.

Au surplus, il s'en faut de beaucoup que Burchard reproduise fidèlement les sanctions édictées par les canons pénitentiels qu'il transcrit. Il ne se fait aucun scrupule de les modifier, soit pour les aggraver, soit pour les atténuer. Je crois utile d'en donner quelques exemples.

Dans les canons pénitentiels qu'il réunit au livre VI, à propos de l'homicide, on discerne une tendance à aggraver les pénitences édictées par les sources dont Burchard fait usage. Si l'on en veut avoir la preuve, il suffira de comparer les textes suivants :

B. VI, 17	Rég., II, 25
18	26
32	23
39	84

Dans le premier et le second de ces textes, il est question du meurtre d'un serf ; dans le troisième, de l'homicide commis *pro vindicta parentum* ; dans le quatrième, de la femme qui empoisonne son mari.

Il est regrettable que Burchard, en revanche, ait traité avec une injustifiable indulgence l'hypothèse du meurtre d'un juif ou d'un païen, pour lequel il atténue beaucoup la sanction donnée par Réginon (1).

Burchard se montre plus sévère que les auteurs des compilations auxquelles il a recours quand il s'agit de réprimer le parjure. On s'en rendra compte en comparant B. XII, 4, 8, 11 avec les textes qui y sont reproduits, à savoir : Rég., II, 335, 330, 333.

En ce qui touche l'ivresse, l'évêque de Worms, pour de bonnes raisons, donne des décisions rigoureuses. On pourra s'en convaincre en consultant le c. 15 du livre XIV où Burchard après avoir reproduit, au début, le c. 149 du livre I de Réginon, continue par un développement qui semble son œuvre personnelle.

En revanche, des exemples d'adoucissement des pénitences se rencontrent dans divers textes : ainsi le c. 52 du livre V (*Excarpsus Cummeani*, XII, 17) qui concerne certaines négligences dans l'accomplissement de la liturgie de la messe ; le c. 138 du livre XIX (Pénitentiel dit *Hubertense*, c. 47), concernant la fréquentation des bains où les sexes ne sont pas séparés ; enfin le c. 56 du livre XVII, très long texte reproduisant le c. II de l'*Excarpsus Cummeani* sur la fornication et la sodomie, qui, parmi les nombreuses décisions qui y sont rapportées, contient plus d'une sanction atténuée.

Ce n'est pas seulement à propos des sanctions pénitentielles que se rencontrent, dans le *Décret*, des modifications de textes qui méritent d'être mises en lumière. Il en est d'autres qui concernent l'administration même de la pénitence. La pratique de la confession prend à cette époque une importance de plus

_____

(1) B. VI, 33. Qui odii meditatione vel propter cupiditatem Judaeum vel paganum occiderit, quia imaginem Dei et spem futurae conversationis extinxerat, XL dies in pane et aqua paeniteat. Ce texte est emprunté à Réginon, II, 35, dont la sanction est plus sévère : et homicidam convenit paenitere (Cf. Koeniger, *op. cit.*, p. 235 et s.).

en plus grande dans les prescriptions canoniques. Ainsi peuvent s'expliquer les modifications apportées par Burchard aux deux textes suivants :

B. XIX, 145. Ce texte est le c. 33 du concile de Chalon de 813, qui d'ailleurs est inséré au c. 57 de l'*Addit. III* de Benoît le Diacre. L'auteur du *Décret* y a introduit certaines modifications qui méritent d'être signalées. Je reproduis ce texte, en soulignant les additions qui caractérisent la version de Burchard.

« Quidam Deo solummodo confiteri debere dicunt peccata, *ut Graeci*; quidam vero sacerdotibus confitenda esse percensent, *ut tota sancta Ecclesia.* Quod utrumque non sine magno fructu intra sanctam fit Ecclesiam, ità duntaxat, ut et Deo qui remissor est peccatorum, confiteamur peccata nostra, *et hoc perfectorum est*, et cum David dicamus: Delictum meum cognitum tibi feci et injustitiam non abscondi, dixi, confitebor adversum me injustitias meas Domino, et tu remisisti impetatem peccati mei. *Sed tamen Apostoli institutio nobis sequenda est, ut* (Orig. : Et secundum Apostoli institutionem) confiteamur alteratrum peccata nostra, et oremus pro invicem ut salvemur. Confessio itaque quae Deo fit, *quod justorum est*, peccata purgat; ea vero, quae sacerdoti fit, docet qualiter ipsa purgentur peccata. Deus namque salutis et sanitatis auctor et largitor, plerumque hanc praebet suae potentiae invisibili administratione, plerumque medicorum operatione.

Les modifications qu'a subies ce texte indiquent la tendance de Burchard qui, pour le commun des fidèles, recommande surtout la confession au prêtre, tandis que le concile de Chalon recommandait à la fois l'aveu à Dieu et à son ministre.

B. XIX, 32. Burchard y reproduit un passage de la préface du livre VI du pénitentiel d'Halitgaire (1). Or dans le texte original, après avoir recommandé au pécheur l'accomplissement des œuvres pénitentielles prescrites par le prêtre, l'auteur lui promet la rémission de ses péchés : *Si enim egerit ea quae illi sacerdos praeceperit, peccata ejus remittentur.* Burchard modifie ainsi ce passage, afin d'insister sur la nécessité de la confession : *Si enim egerit ea quae illi sacerdos praeceperit,*

(1) Schmitz, t. II, p. 232.

illa peccata tantum quae confessus est remittentur. Le sens général n'est pas modifié; car il va de soi que l'effet des œuvres
pénitentielles ne peut s'appliquer qu'aux péchés, connus du
prêtre, à l'occasion desquels elles ont été infligées. Mais le
texte de Burchard montre nettement que les péchés non avoués
ne sont pas pardonnés (1).

Enfin, dans le même ordre d'idées je dois signaler le c. 143
du livre XIX du *Décret*. Il reproduit, en la modifiant, une règle que Burchard a pu emprunter au pénitentiel de Théodore.
D'après cette règle, la réconciliation du pécheur doit être postérieure à l'accomplissement de la pénitence qui lui a été
imposée. Il n'en était plus ainsi du temps de Burchard; le
Décret lui-même en fait foi (2). Souvent la réconciliation suivait immédiatement l'aveu et précédait les œuvres de pénitence. On comprend que Burchard, lorsqu'il croit devoir répéter la règle de Théodore, y ait ajouté un tempérament qui
laisse beaucoup de latitude aux confesseurs, et qu'il ait écrit :
« Non reconcilientur poenitentes, *si necessitas non coegerit*,
nisi post peractam poenitentiam ».

5° *Mariage*.

Je signale d'abord quelques modifications intéressant l'empêchement de parenté.

Le c. 9 du livre VII n'est autre qu'un passage de la lettre
de Raban Maur à l'évêque Humbert, reproduit par Réginon
(II, 201). Il s'ouvre, dans la source, par ces mots : « Isidorus
in Etymologiis suis usque ad sextam generationem consanguinitatis abstinendum..... asseruit ». Burchard, enclin à étendre
l'empêchement de parenté, remplace *sextam* par *septimam*.

Le c. 19 du même livre mentionne, d'après Jean Diacre
(*Vita Gregorii*, II, 37) une décision de saint Grégoire. Le texte
original était ainsi conçu : « Unde necesse est ut jam tertia
vel quarta generatio fidelium licenter sibi jungantur ». Bur-

_____

(1) On remarque dans ce texte d'autres modifications de détail. Ainsi
Burchard écrit : *Statim remissим age adversus eum*, au lieu de : *Statim suscipe eum*. Ainsi encore, après les mots, *debet quantum ipsi visum fuerit jejunare*, il supprime les expressions énigmatiques de l'original, *sive tetradas sive
parascove*.

(2) Cf. Kœniger, *op. cit.*, p. 140 et 141, et *Revue d'histoire ecclésiastique*,
t. X (an. 1909), p. 576-577.

chard remplace *tertia vel quarta* par *quarta vel quinta* (1).

De même Burchard, au c. 11, reproduisant un texte inséré dans Benoît le Diacre (*addit.* IV, 75) d'après lequel l'empêchement de parenté s'étend jusqu'au 7ᵉ degré, ajoute ces mots qui donnent à l'empêchement la sanction la plus radicale : « *Quod si fecerint, separentur* » (2).

La modification, faite par Burchard, d'un passage de Réginon (II, 231) qui se retrouve dans le c. 27 du livre VII du *Décret* décèle, ce me semble, le progrès de l'idée juridique de la nullité du mariage contracté au mépris de l'empêchement de parenté. Il s'agit d'une formule de séparation des incestueux. Réginon s'exprimait ainsi : *quae usque in hunc diem uxor tua fuit.* Burchard remplace ces mots par ceux-ci : *cum qua adulterium et incestum perpetrasti.*

Au c. 19 du livre IX, Burchard transcrit une décision du pénitentiel de Théodore (II, 13, 4); mais il la renverse dans le sens de l'indissolubilité du mariage. On peut s'en assurer en comparant les deux textes.

BURCHARD.	THÉODORE.
Ex concilio Matisceensi, cap. 10. Si servum et ancillam dominus amborum in matrimonium conjunxerit, et postea liberato servo vel ancilla, non potest redimi qui in servitio est, ideo matrimonia non solventur.	Si servum et ancillam dominus amborum in matrimonium conjunxerit, postea liberato servo vel ancilla, si non potest redimi qui in servitio est, libero licet ingenuo conjungere.

Au surplus l'insertion faite par Burchard, des mots : *quia omnes unum patrem habemus in caelis*, dans un texte relatif au mariage d'un serf et d'une femme ingénue, atteste encore en cette matière les dispositions de l'évêque de Worms, évidemment favorables à l'indissolubilité du mariage (3).

(1) Rauiger, *op. cit.*, p. 153.

(2) Par une addition analogue (*Quod si factum fuerit, separetur*), à la fin de c. 4 du livre IX qui est un développement de c. 112 des *Capitula* de Hérard de Tours, Burchard donne la portée d'un empêchement dirimant à la règle qui interdit la célébration des noces à certaines périodes de l'année ecclésiastique.

(3) Il n'en tire pas toujours les conséquences rigoureuses : cf. XVII, 10.

6° *Règles diverses.*

Deux chapitres de Burchard ajoutent l'un à un texte de
Réginon (B. II, 52 : Rég., I, 214), l'autre à un texte de Benoît
le Diacre (B. III, 6 ; Ben. Lev., I, 382) des mentions concernant l'aître des églises, où les fidèles du Moyen âge ont l'habitude d'inhumer les défunts. On remarquera notamment, en
comparant la version du premier de ces textes (emprunté aux
statuts d'Hincmar), dans Réginon et dans Burchard, que le
texte original, reproduit par Réginon, impose aux curés l'obligation de faire chaque dimanche l'aspersion de l'eau bénite
dans l'église seulement et que Burchard y ajoute l'aspersion de
l'aître avec la prière pour les morts qui y reposent.

Burchard (V, 19) modifie sur divers points le c. 42 des
Capitula où Théodulphe établit pour ses dio césais la règle
qui les oblige à recevoir à certains jours l'Eucharistie. Il ajoute
Pentecôte et Noël aux fêtes où les fidèles sont tenus de s'ap-
procher de la Sainte Table. Il omet, comme n'étant plus susceptible d'application, la partie du texte enjoignant aux chrétiens nouvellement baptisés de communier tous les jours de la
semaine de Pâques ; de son temps en effet le baptême des
adultes est une exception. Enfin il déclare que non seulement
les excommuniés, mais encore ceux qui sont assujettis à la
pénitence publique doivent s'abstenir de la communion.

L'évêque de Worms a trop le sens du gouvernement pour
favoriser le développement des chapelles et des oratoires pri-
vés. Aussi, lorsqu'il transcrit (*Décret*, III, 86) le c. 102 du livre II de Benoît le Diacre, sans doute il reproduit la portion
du texte qui interdit de célébrer la messe dans ces oratoires :
mais il ne manque pas d'omettre celle aux termes de laquelle
l'évêque peut dispenser de cette prohibition. De même, au
c. 88 de ce livre, s'il insère le c. 25 du concile d'Épaône,
il laisse de côté la seconde partie de ce canon, qui autorise
l'institution d'un prêtre chargé de desservir un oratoire privé,
à la condition que la dotation de ce prêtre soit assurée. La
même impression se dégage de l'étude des modifications que
Burchard a fait subir aux c. 45 et 46 du *Capitula* de Théodul-

11, 12 et les questions 165, 166 et s. de l'interrogatoire qui figure sous le
c. 5 du livre XIX. Je cite ces questions d'après la numérotation de Schmitz,
t. II, p. 432-433.

phe dont il a composé le c. 54 du livre II; il y était traité de
la célébration des fêtes dans les oratoires.

Dans un texte qu'a recueilli Burchard (II, 56), par l'intermédiaire de Réginon (I, 240), l'évêque Gautier d'Orléans impose aux curés le devoir d'exhorter leurs paroissiens à leur
envoyer leurs enfants afin que, dès leur jeune âge, ils ap-
prennent le psautier, *ad psalterium discendum*. Burchard a
remplacé l'étude du psautier par l'étude du catéchisme; il
écrit *ad fidem discendam*.

Je pourrais multiplier ces exemples; mais cela ne ferait que
prolonger inutilement cette étude. Les observations qui viennent d'être présentées suffisent, ce me semble, à démontrer
que Burchard n'hésite pas à remanier et à interpoler les textes (1). Il en résulte que les canons réunis par lui dans le *Décret*
ne peuvent être invoqués que pour établir le droit suivi au

---

(1) L'œuvre de Burchard n'a point seulement consisté à modifier à son gré
un très grand nombre de textes sans préjudice de ceux qu'il a composés. Son
attention s'est tournée vers les sommaires qui, d'ordinaire, précèdent les canons dans les collections. Sans doute il a reproduit beaucoup des sommaires
qu'il trouvait dans les recueils qui lui ont servi de sources. Mais on peut
constater qu'il en a composé ou modifié un bon nombre. Si l'on considère, par
exemple, les chap. 1 à 20 du livre 1er on reconnaît qu'une quinzaine de sommaires ont été retouchés ou composés par Burchard.

Souvent Burchard s'est proposé ou de donner des sommaires à des textes
qui n'en avaient pas dans les recueils qu'il consultait, par exemple parce
qu'ils y étaient précédés de la mention *unde supra*; parfois aussi il lui a fallu
composer des sommaires pour les placer en tête des textes qu'il avait lui-
même fabriqués. D'autre part, s'il a modifié les sommaires que les sources lui
fournissaient, c'est en maintes circonstances pour en rendre l'intelligence plus
facile. C'est ainsi que M. Hauck explique avec raison le sommaire placé par
Burchard en tête du c. 7 du livre II, bien différent de celui qu'il avait pu
trouver dans le recueil de Deusy. En effet l'évêque de Worms s'exprime
ainsi : « Quod sub aperta auditorum ordinatione fieri non debeat », tandis
que Deusy disait seulement : *De tempore ordinationum* (C. 4 de Laodicée). Parfois la modification du sommaire implique une modification du sens attribué
au canon lui-même. C'est ainsi que le sommaire du c. 3 du livre I montre que
Burchard entend décidément du Pontife romain un canon bien connu d'un
concile d'Afrique. C'est aussi pour un motif analogue que Burchard (II, 19),
reproduisant une inscription erronée de Réginon (I, 457), applique aux fils
des clercs concubinaires une prescription qui concerne leurs pères, et prépare
ainsi, sur ce terrain, la théorie canonique de l'irrégularité résultant de la nais-
sance illégitime (Kœniger, *op. cit.*, p. 7). On voit que Burchard, pour faire
pénétrer ses idées, modifie aussi bien les sommaires que les textes eux-mêmes

commencement du xi° siècle. Pour les citer comme les témoins
d'un droit antérieur, il faut avoir constaté, en les confrontant
avec les sources originales, qu'ils n'ont point subi d'altération;
or un grand nombre des canons du *Décret* ont été plus ou
moins altérés.

CONCLUSION DE CETTE ÉTUDE

En résumé, nous avons mis en relief les faits suivants :

1° Burchard a disposé ses matériaux d'après un plan inspiré
dans une large mesure par l'*Anselmo dedicata*, dans une mesure beaucoup moindre par le recueil de Réginon; ce plan est
d'ailleurs pour une bonne part l'œuvre personnelle de l'évêque
de Worms.

2° La liste générale des sources, placée par Burchard à la suite
de sa préface, se distingue par de graves omissions, ou par des
indications vagues, tendant à dissimuler absolument certaines
sources et à donner à d'autres une importance qui, en réalité,
ne leur appartient pas.

3° Burchard, ayant systématiquement éliminé certaines catégories d'*inscriptiones*, a donné des *inscriptiones* fausses à
des canons dont le nombre dépasse certainement cinq cents;
ainsi est-il responsable d'une foule d'apocryphes lancés par lui
dans la circulation, et recueillis par les collections canoniques
ultérieures.

4° Non seulement, comme on l'a montré dans la Iʳᵉ étude,
Burchard paraît avoir fabriqué de toutes pièces quelques chapitres de son *Décret*: il a en outre altéré plus ou moins complètement le texte de beaucoup des chapitres qu'il a puisés
à des sources antérieures.(1).

En réalité le *Décret*, à raison d'un bon nombre des documents qu'il contient, forme un anneau, et non des moins con-

(1) Il résulte de ce qui vient d'être dit que le *Décret* contient une quantité considérable de canons apocryphes ou de textes altérés. J'avoue que cette
constatation s'accorde mal avec la déclaration par laquelle l'auteur termine
sa préface, quand il déclare au lecteur qu'il n'a rien mis de son fonds dans
sa collection (*Patrologie latine*, t. CXL, col. 516), laissant ainsi entendre
qu'il n'a fait que reproduire et classer les textes.

sidérables, de la chaîne des apocryphes, si nombreux dans
l'histoire du droit canonique depuis le VIII° siècle jusqu'au XI°.
On en pourrait faire l'énumération en commençant par le
pseudo-pénitentiel Romain d'Halitgaire et les pénitentiels sup-
posés qui ont circulé sous des noms illustres; on mentionnerait
ensuite le groupe des compilations qui se rattachent au faux
Isidore et nombre d'autres documents, fausses lettres pon-
tificales ou fausses décisions conciliaires, qui sont entrés dans
la circulation au IX° et au X° siècles. On arriverait ainsi à Burchard, et l'on aurait tort de s'arrêter au *Décret* : car peu après la
publication de ce recueil apparut la collection en XII livres qui,
ainsi que je le montrerai ultérieurement, fut présentée, bien à
tort, comme une œuvre de l'évêque de Worms.

Au XII° siècle, les auteurs de collections reproduisirent
les textes apocryphes connus dans le passé ; notamment
ceux qu'avait accueillis Burchard passèrent en très grand
nombre, comme d'ailleurs ses textes authentiques, dans
les collections d'Yves de Chartres et dans le *Décret* de
Gratien. Mais il convient de reconnaître que la production des
apocryphes devient à cette époque de moins en moins active,
et que la source ne tarde pas à en être tarie.

Il faut, à mon sens, chercher l'explication de l'arrêt de la production des apocryphes dans ce fait qu'alors se forme une
science de l'interprétation du droit. Dès les dernières années
du XI° siècle, cette science est née, comme le prouve la grande
préface placée en tête des collections d'Yves de Chartres ; elle
se développe régulièrement, aussi bien dans le domaine du
droit ecclésiastique que dans celui du droit romain. En
aucun temps, en aucune société, on ne put avoir la prétention
de conserver le droit figé dans des textes immuables ; il fallut
toujours laisser un certain jeu au courant des idées qui ne
cesse de transformer les lois et les institutions. Il est possible
que ce courant trouve sa manifestation dans l'œuvre de légis-
lateurs toujours en éveil; il n'en était pas ainsi dans l'Église
du haut Moyen âge en Occident, où les conciles ne se réunis-
saient que par intermittences, et où l'autorité législative
des Papes, exception faite pour quelques pontificats, était fort
peu active. Aussi, pour ouvrir passage aux idées nouvelles
et aux tentatives réformatrices, on fut trop souvent acculé à la

nécessité fâcheuse d'employer des apocryphes : ne pouvant se
dégager des textes de l'antiquité, on les faussait. Le besoin
d'apocryphes fut bien moindre quand des procédés d'interprétation scientifique furent trouvés qui permirent de se dégager
de l'interprétation littérale et d'introduire un peu d'air et
d'aisance dans l'épaisse forêt des textes. Ce sont ces considérations, qui, à mon sens, peuvent expliquer comment le
Décret de Burchard, en beaucoup de ses parties, présente un
caractère apocryphe, et comment il est une des dernières
œuvres qui portent ce caractère.

PAUL FOURNIER.

ADDENDA

1° Il faut ajouter, à la liste donnée dans la première Étude
(p. 78), des emprunts faits par Burchard aux *Capitula* de
Hérard de Tours, deux textes, à savoir :

Le c. 6 du l. XIX qui n'est autre que le c. 120 des *Capitula* ;
et le c. 62 du l. IV, qui n'est autre chose que le c. 137 du
même recueil.

J'avais cru à tort que ces chapitres de Burchard procédaient
directement de Ben. Lev., III, 243, 244 et 333.

Il convient donc d'augmenter de deux unités le chiffre des
emprunts faits par Burchard aux *Capitula* de Hérard, et de
diminuer d'autant le chiffre des emprunts qu'il a faits aux
Capitulaires authentiques ou apocryphes. Ainsi le premier de
ces chiffres se trouve porté à 39 et le second ramené à 87.

2° Quoique je me sois abstenu d'étudier les nombreux manuscrits du *Décret*, me bornant dans ces études à me servir
du texte imprimé, je crois utile de signaler le mémoire publié
par M. Koeniger (*Archiv für Katholisches Kirchenrecht*,
t. LXXXVII, ann. 1907, p. 393-466) sous le titre : *Beiträge zu
den fränkischen Kapitularen und Synoden*. C'est la description
d'un manuscrit du *Décret* conservé à la Bibliothèque Royale
de Munich (Clm. 4570), qui contient quelques additions intéressantes, d'ailleurs postérieures à Burchard.

3° Chap. IV, sect. II : *ad vesperam*, lisez ou *vesperum*.

TABLE

—

BAR-LE-DUC. — IMPRIMERIE CONTANT-LAGUERRE.

IMPRIMERIE
CONTANT-LAGUERRE

www.ingramcontent.com/pod-product-compliance
Lightning Source LLC
Chambersburg PA
CBHW031123210326

41519CB00047B/4496